Herderbücherei

Band 539

Über das Buch

Über die Frauen ist in den letzten Jahren viel geschrieben worden, und dies Buch hat ganz gewiß nicht den Ehrgeiz, noch etwas Neues zu bringen. Im Gegenteil, wenn die Leserinnen sich und ihren Alltag so geschildert finden, daß sie sich wieder erkennen, wenn sogar etwaige Leser den Eindruck haben, gewiß kenne die Verfasserin ihre Frau, dann ist der Zweck des Büchleins erreicht. Von Wünschen und Träumen, von Schwierigkeiten mit den Männern, den eigenen Charakterschwächen, dem ständigen Kampf um Schönheit und Eleganz, und dem sich Herumschlagenmüssen mit dem ganz gewiß nicht immer geliebten Haushalt ist hier die Rede. Und selbstverständlich auch von den anderen Frauen – von denen, die man mag, von denen, die man weniger mag, und nicht zuletzt von denen, die man zwar mag, die einem aber hoffnungslos auf die Nerven gehen. Vielleicht finden Sie im Jahr der Frau neben allen gewiß notwendigen ernsthaften Veröffentlichungen hier ganz nebenbei ein bißchen Spaß!

Über die Autorin

Heilwig von der Mehden, 1923 in Essen geboren, in Köln und Bonn erzogen, wurde stets im Rheinland für eine Hamburgerin gehalten und in Hamburg für eine Rheinländerin. Studium: Germanistik, Geschichte, Zeitungswissenschaft, Kunstgeschichte, Theaterwissenschaft, Soziologie. Mitarbeiterin beim Rundfunk, Volontärin im Feuilleton der „Welt", Redakteurin. Seit 1957 schreibt sie regelmäßig alle vierzehn Tage für die Zeitschrift „Brigitte" eine Kolumne. Sie lebt in Bonn und war verheiratet mit Conrad Ahlers.

Heilwig von der Mehden

Ehret die Frauen –
aber übernehmt euch nicht!

Notizen aus dem weiblichen Alltag

Herderbücherei

Originalausgabe
erstmals veröffentlicht als Herder-Taschenbuch

Buchumschlag: Willy Kretzer

1. Auflage Oktober 1975
2. Auflage März 1976
3. Auflage Februar 1977
4. Auflage September 1977
5. Auflage Juni 1978
6. Auflage Februar 1979
7. Auflage Juli 1979
8. Auflage März 1980
9. Auflage März 1981
10. Auflage Januar 1982
11. Auflage Januar 1983
12. Auflage April 1984
13. Auflage Oktober 1985
14. Auflage November 1986

Inhalt

Ich wäre gern eine geistreiche Frau

Natürlich ist es einem als souveränem Menschen völlig gleich, was die andern von einem denken, aber trotzdem wäre es sehr angenehm, wenn man wüßte, daß sie hinter unserm Rücken begeisterte Lobreden führen. Es gibt so viele nette Dinge, die sie uns nachrühmen könnten: Schönheit, Anmut, eine gute Küche, eine glänzende Karriere, Geschmack, schicke Beine, einen edlen Charakter und eine gute Schneiderin. Auf manches Lob legt man allerdings nicht soviel Wert. So möchte ich beispielsweise nicht für einen „netten, lieben, stillen, bescheidenen Menschen" angesehen werden; das klingt so ein bißchen nach sympathischem Trottel. Dagegen wäre ich brennend gern einmal das, was man eine geistreiche Frau nennt. Geistreiche Frauen kennt man aus Büchern. Sie haben meist einen gediegenen Rahmen von Bildung und Wohlstand und gedeihen in gepflegter Gesellschaft, da man bekanntlich nicht einsam und geistreich zugleich sein kann. Auch arm sind geistreiche Frauen nie – höchstens verarmt, was ein gewaltiger Unterschied ist. Ihre Hauptaufgabe besteht darin, zu plaudern; aber nicht darüber, ob Jacqueline Onassis nicht doch noch einmal heiratet oder ob Eierschalen gut für Topfblumen sind, sondern auf höherem Niveau. Bekannte Memoirenliteratur läßt klar erkennen, daß geistreiche Frauen früher beim Tee darüber plauderten, was es mit „Wilhelm Meisters Lehrjahren" auf sich habe.

Es ist ungeheuer schwierig, heutzutage eine geistreiche

Frau zu sein, selbst gesetzt den Fall, Wilhelm Meisters Lehrjahre seien einem geläufig. Aber bringen Sie mal nachmittags beim Tee mit Ihren Freundinnen die Rede darauf, wieviel Nachahmung doch dieses Werk in der Romantik gefunden habe – man wird Sie entgeistert anschauen. Halten Sie am Abend Ihren Gästen einen kleinen Exkurs darüber, daß die alten Griechen auch schon ... man wird Sie, selbst wenn Ihr Geplauder durchaus interessant war, für einen Bildungssnob halten. Wenn übrigens die gleichen Dinge ein älterer Herr sagt, ist man davon sehr angetan, sofern es ihm gelingt, ein absehbares Ende zu finden; was nicht bei jedem älteren Herrn der Fall ist.

In den Büchern und Serien über gewandtes Betragen in allen Lebenslagen findet sich stets der Ratschlag, man solle geschickt das Gespräch auf ein Thema bringen, das man beherrscht und mit dem man infolgedessen glänzen kann. Leider aber steht nie dabei, wie. Ich lese zuweilen schon einmal ein kluges Buch und wäre gern bereit, die Rede darauf zu bringen, um ein geistreiches Gespräch darüber zu führen, damit man hinterher über mich sagt: siehe oben. Leider aber ist man meist mit Leuten umgeben, die offenbar auch gewandtes Betragen an den Tag legen wollen, indem sie über Dinge reden, die sie beherrschen. Meist sind es ganz andere Dinge. Nie wird es mir gelingen, mich in einer Diskussion über die Frage Porsche oder Alfa als geistreiche Frau zu erweisen.

Geistreiche Frauen haben kluge, treffende Antworten, wenn man sie fragt, und vermögen auch so den Edelstein ihres Intellekts funkeln zu lassen. An festlicher Tafel beispielsweise sprühen sie nur so, daß allen fern Sitzenden vor Neid das Diner nicht mehr recht schmeckt. Ich möchte wirklich gern wissen, wie sie es fertigbringen, an der einleitenden Bemerkung ihres Tischherrn, heute sei es nicht mehr so schwül wie gestern und es bleibe abzuwarten, wie schwül es wohl morgen sei, ein Feuerwerk blitzender Aphorismen zu entzünden. Aber offenbar bringen sie es fertig. Mir glückt es höchstens, der Hoffnung Ausdruck zu verleihen, daß übermorgen ein erfrischendes Gewitter kommen möge.

Hin und wieder bietet sich natürlich auch mir die Gelegenheit, geistreich zu sein. Sie kommt aber meist so plötzlich, daß ich sie prompt verpasse. Ein intellektuell aussehender Mensch etwa sieht einen forschend an und fragt nicht ohne Strenge: „Was lesen Sie augenblicklich?" In den Augen dieser Menschen befaßt sich offenbar jeder Mitmensch ständig und intensiv mit irgendeinem Werk – mit Heidegger oder Karl Marx oder mit frühchristlicher Mystik. Auf eine solche direkte Frage wird man sich voller Scham der Tatsache bewußt, daß man zuletzt eine Lesemappe, die „Bezaubernde Arabella" oder „Tod auf dem Golfplatz" gelesen hat. Nun wäre es natürlich sehr leicht, irgend etwas zu nennen, womit man sein Niveau dokumentieren kann, aber wie in der Schule fällt einem überhaupt nichts ein. Es ist also für die geistreiche Frau sehr nützlich, immer einige Titel auf Lager zu haben. Wie gut wirkt es, wenn man auf Anhieb sagen kann: „Ach, ich greife immer wieder zu Mark Aurels Selbstbetrachtungen ..." oder „Ich komme von Proust nicht los!" oder „Sie werden gewiß darüber lachen, aber ich habe soeben die Ilias entdeckt ..." Der intellektuell aussehende Mensch wird beeindruckt sein. Übrigens gibt es ein Thema, bei dem es verhältnismäßig leicht ist, geistreich zu sein: das sind die lieben Mitmenschen. Eine treffsichere, amüsante Bosheit anzubringen, fällt merkwürdigerweise viel leichter, als seiner Güte geistreich Ausdruck zu verleihen. Das bringen wahrscheinlich nur weise und abgeklärte Menschen fertig. Und ich hoffe, daß es – bei allem Respekt – noch recht lange dauern wird, bis man mir diese Tugenden nachrühmt.

Die Damen im Wilden Westen

Daß Amerika ein großes und mächtiges Land geworden ist, kann einen überhaupt nicht wundern, wenn man mit einiger Regelmäßigkeit Western-Filme sieht. Zunächst sind da einmal die starken, todesmutigen Männer, denen man dort auf Schritt und Tritt begegnet – aber denen begegnet man schließlich in den ganz anders gearteten Kreisen der Krimis, der Seeräuber, der Ivanhoe-Ritter, der Unterwasserforscher, der Weltkrieg II-Krieger und Piloten und Feuerwehrleute, die man in anderen Filmen antrifft, auch. Dann aber gibt es vor allem noch die Frauen, die im Wilden Westen so imponierend waren, daß einfach etwas aus der ganzen Sache werden mußte. Diese Mischung aus Tüchtigkeit, Anständigkeit und Schick mußte einfach zu den schönsten Hoffnungen berechtigen.

Man stelle sich nur einmal vor: da lebt so eine junge Frau, Tochter oder Schwester an der Seite ihrer Männer unter ständigen Entbehrungen und Gefahren entweder auf der Suche nach Land oder im Begriff, neues Land urbar zu machen oder dabei urbar gemachtes, neues Land gegen Indianer, Viehdiebe, Landspekulanten, reaktionäre Viehzüchter unter Lebensgefahr zu verteidigen. Wenn Sie jedoch nun etwa glauben sollten, daß sie dies alles nicht in gutsitzenden Blusen täte, kleidsam frisiert und – je nachdem in flotten Hosen (selbst, wenn sie sie in höchster Not irgendwo ausleihen, kriegen sie immer flotte zu fassen) oder hübschen wallenden Röcken mit Pettycoats – so haben sie die Damen aber sehr unterschätzt. Von den Blusen der Damen im Wilden Westen könnte sich wirklich mancher Konfektionär eine Scheibe abschneiden; vor allem, wenn man bedenkt, daß sie der Lage der Dinge nach ja wohl selbst mit der Hand genäht sein müssen, ganz zu schweigen vom Waschen und Bügeln.

Aber viele von ihnen haben nicht nur äußere Reize: in den finstersten Momenten verstehen sie es, ihren Männern tapfer zulächelnd ein neugeladenes Gewehr zu reichen, ihren kleinen Söhnen (aufgrund damals fortschrittlicher Geburtenplanung haben sie immer nur einen) menschlich schöne und moralisch einleuchtende Gedanken zu vermitteln, und allen Feinden, sei es, daß diese es auf das Land, sei es, daß sie es auf die Tugend abgesehen haben, mit größter Standhaftigkeit zu begegnen. Ganz selten treffen wir – dies muß leider eingeräumt werden – auch auf jene, die sagen: „Laß uns aufgeben, Joe! Die anderen sind stärker als wir. Nie werden wir hier Frieden finden, und Klein Joey soll doch im Frieden ein Mann werden …" oder so. Bloß kommen sie trotz frischer Bluse mit diesem Defaitismus nie durch, und wenn es denn sein muß, laufen sie auch noch zu großer Form auf.

Mit zunehmendem Alter läßt zuweilen das gepflegte Aussehen ein wenig nach, aber der Charakter wird immer besser. Die Wild-West-Matronen sind einfach große Klasse. Als gestandene Veteraninnen vergangener Trecks, Viehdieb- und Indianerschlachten sind sie noch weniger zu erschüttern als ihre erwachsenen Helden-Söhne (da dieser Generation offenbar noch nichts von Geburtenplanung bekannt war, haben sie fast immer mehrere). Und in den bösesten Momenten mangelt es ihnen nie an Kaffee und Apfelkuchen, einer Hausapotheke, aufbauenden Sprüchen und Erinnerungen an noch unangenehmere Situationen und einen Vater, Bruder, Großvater, der in der vorliegenden Situation auch nicht verzagt hätte, leider aber schon unter der Erde weilt. Daß sie außerdem noch für die jüngeren Damen handfeste Ratschläge für das Einfangen der rauhen Helden auf Lager haben, die garantiert in den Ehestand führen, sei nur am Rande bemerkt.

Damit der Damenflor nicht allzu eintönig wird, gibt es aber auch noch die, die modisch-keck gewandet (mit Hütchen) aus den Postkutschen steigen. Die einen von ihnen kommen von Verwandten oder aus einer Mädchenpension in den Wilden Westen zu schon etwas arrivierten Wildwestlern und geraten natürlich sofort in irgendeinen Schlamassel, in dem sie zeigen können, was in ihnen steckt; und die andern kommen etwa aus dem Gegenteil eines Mädchenpensionates und treten ein Engagement als Sängerin oder Bardame in dem dortigen Saloon an. Es ist erstaunlich, was für Spitzenkräfte in diesen Saloons engagiert gewesen sein müssen. Und wenn die jungen Damen auch finanziell auf dem letzten Loch pfeifen – ihre Kleidung ist erlesen und auch nie auf langer Postkutschenfahrt in den Koffern verknautscht. Da es im Wilden Westen hochmoralisch zugeht, haben in der Regel nur die eine echte Chance auf ein dauerhaftes Glück mit einem Siedler, Sheriff oder sonst einem charaktervollen Menschen, die in Wirklichkeit anständige Mädchen geblieben sind, obwohl der Anschein zunächst gegen ihre Tugend spricht. Davon gibt es eine ganze Menge, was auch für die Charakterfestigkeit der Damen spricht. Die, die obwohl entzückend anzusehen und im Grunde gut, dennoch unter die Räder gekommen sind, haben immer noch die Chance, die Helden aus Todesnot zu retten oder wenigstens zu warnen, da sich das Übel oft in ihrem Saloon zusammenbraut. Manchmal gelingt es ihnen, ein vertanes Leben mit einem schönen Opfertod zu beschließen, manchmal müssen sie auch mit tapfrem Lächeln zusehen, wie der Gerettete mit einer taufrischen Mädchenblüte abzieht. Immerhin ist auch dies in der Regel sehr beeindruckend.

Daß sich eine Gegend, wo selbst die leichten Mädchen so schwerwiegende Qualitäten hatten – von allen anderen jungen und älteren Weiblichkeiten ganz zu schweigen – aufs schönste entwickeln mußte, wird also jedem klar, der nur genug Wildwest-Filme ansieht und sie mit unserer eigenen, mehr mittelmäßigen Existenz vergleicht.

Gar nicht so unlogisch

Wenn man von der weiblichen Logik spricht, so meint man merkwürdigerweise damit etwas, was jeder Mann für absolut zweitklassig oder überhaupt nicht existierend hält. Dabei bringt gerade die weibliche Logik manchmal erstaunliche und auch einmalige Leistungen hervor, die man mit Recht bewundern kann. Nach den simplen Gesetzen männlicher Logik kosten zum Beispiel zwei Pullover zu je vierzig Mark zusammen achtzig Mark. Solche Art zu rechnen hat man etwa im zweiten Grundschuljahr gelernt, und sie ist so simpel, daß man nicht den geringsten Grund hat, auf diese Rechnung stolz zu sein. Die weibliche Logik jedoch beweist, daß zwei Pullover zu je vierzig Mark fast nichts kosten oder sogar eine Ersparnis bedeuten. Wenn Männer besser mit Geld umgehen könnten, so würden sie glatt nach Kauf dieser Pullover achtzig ersparte Mark auf die Bank bringen, denn man bedenke: Erstens sind die guten Stücke stark herabgesetzt, ja, geradezu geschenkt, wenn man in Betracht zieht, was sie früher gekostet haben; zweitens braucht man nun nichts (oder fast nichts) Neues mehr für die Sommerreise, so daß man unterwegs mehr ausgeben kann; drittens erspart man sich durch diese Anschaffung glatt ein neues Winterkleid; viertens hat man nun endlich etwas, zu dem die grünen, zugegebenermaßen etwas voreilig gekauften Schuhe passen, so daß sich auch diese neunzig Mark jetzt endlich lohnen; fünftens kann der Gatte einen Pullover auf den nächsten Geburtstag anrechnen – also weitere Ersparnis; und sechstens sind zwei Pullover immer besser als einer, weil man den einen so schnell leid wird und dann einen neuen haben muß, was eine weitere Ausgabe bedeuten würde. Rechnet man alles dies streng logisch zusammen, hat man weit, weit mehr als achtzig Mark an diesem Kauf verdient. Ich glaube wohl mit Recht sagen zu dürfen, daß diese Art zu rechnen beträchtlich über dem Niveau des zweiten Schuljahres liegt.

Es ist auch gar kein Kunststück, wenn etwa ein kluger Mann beweist, daß es deswegen am Sonntag zwangsläufig regnen mußte, weil das Tief aus Irland feuchte Meeresluft mitbrachte und das langanhaltende Hoch nach Sibirien abdrängte. Das kann sich jeder Dummkopf nach der Lektüre des Wetterberichtes ausrechnen. Aber beweisen Sie einmal schlüssig, daß es nur deswegen geregnet hat, weil „er" von Anfang an gegen diesen Ausflug war und schon morgens beim Frühstück unlustig herummuffelte, außerdem den Fotoapparat vergaß, und vor allem, weil er einen nicht entfernt mehr so liebt wie noch im vorigen Jahr, als er selig war, wenn er mit einem durch strömenden Regen, eisigen Wind, meterhohen Schnee (mit undichten Schuhen) spazieren gehen durfte! Nach zuverlässigen Berichten ist jedoch weibliche Logik in der Lage, auch derartige Beweise zu führen, an deren unerschütterlicher Stärke die männliche Logik mitsamt allen irländischen Tiefs abprallt. Männer begnügen sich auch oft damit, einfach Erfahrungen zu sammeln und daraus ihre Schlüsse zu ziehen. Wenn Herr Meyer unsern Hund verprügelt hat, unsere Wäsche mit Kirschkernen bespuckte, dreitausend Mark unterschlug, anonyme Briefe schrieb und mit vier Frauen zugleich verheiratet war, ist es natürlich ein Kinderspiel, ihn als charakterlich minderwertigen Zeitgenossen einzustufen. Aber welche Einfühlung gehört dazu, ein ähnliches Urteil zu fällen, wenn man ihn nur ein einziges Mal gesehen hat und obendrein noch, als er sich friedlich im Liegestuhl sonnte, und nichts Nachteiliges über ihn bekannt war! Oder welch blitzschnellen Intellekt braucht man, um Frau Meyer nach einem undeutlichen Gruppenfoto als eine unsympathische Ziege, die bestimmt hinter allen Männern her ist, zu erkennen! Manchmal ist sie es auch sogar wirklich. Und das bedeutet dann natürlich – wenn man nicht gerade ausgesprochen geistig bescheiden ist (und wer ist das schon?) – einen gewissen Triumph.

Bekanntlich zeigt sich eine besondere Begabung des weiblichen Geistes darin, etwas schon vorher zu wissen. Merkwürdigerweise macht man sich aber gerade mit dieser Begabung nie recht beliebt. Kein Mann hört es gern, daß man vorher wußte, wie voll das Strandbad war; wie schlecht Gurkensalat sich mit Sprudelwasser verträgt; wie spät es wurde, als er früh heimkommen wollte; wie schlecht der Abkürzungsweg quer durch die Felder sei; und daß Jugendfreund Willi gegen drei Uhr früh den Tisch mit sechzehn Gläsern umwerfen würde. Dabei sollte es eigentlich jeden mit Bewunderung für seine Frau erfüllen, was sie alles schon vorher gewußt und meist sogar laut und deutlich prophezeit hat.

Übrigens möchte ich zum Schluß – um nicht in den Verdacht einer Verächterin männlicher Logik zu geraten – ein besonders strahlendes Beispiel eben dieser männlichen Logik aus meiner nächsten Umgebung berichten. Es handelte sich um einen Trenchcoat, der schmutzig war und vom Hausherrn persönlich in die Reinigung gebracht wurde. Aus der Reinigung kehrte er ohne Gürtel heim, was eine Katastrophe bedeutet, da man nie einen Gürtel vom gleichen Grad ehrwürdiger Verwaschenheit bekommen wird. Man legte sich also mit der Dame, die die Annahmestelle des Institutes führte, gründlich an; man sprach persönlich vor, ließ nachforschen, schrieb einen pointierten Brief usw., usw. Als diese Aktion längst versandet und vergessen war, fand sich der Gürtel fein säuberlich zusammengerollt in der Autoseitentasche. Kommentar: „Ach, ja, da habe ich ihn hineingesteckt, bevor ich den Mantel wegbrachte. Ich wußte ja gleich, daß so etwas immer bei der Reinigung verlorengeht..."

Sehen Sie, das ist Logik! Da kommt noch nicht einmal die weibliche Logik ganz mit.

Dies ist mein Freund!

Die deutsche Sprache hat nicht nur in Syntax, Rechtschreibung und Grammatik ihre Schwierigkeiten, sondern auch sonst. Wie etwa nennt ein modernes, lediges weibliches Wesen den Mann seiner Wahl, wenn es nicht voraussetzen kann, daß die Leute, mit denen es spricht, wissen, daß der Betreffende Klaus, Thomas oder Peter heißt? Zumeist wird es sagen „mein Freund", aber merkwürdigerweise geht das nur wenigen ganz glatt über die Lippen. Ein Freund kann ja schließlich auch jemand sein, mit dem man früher im Sande gespielt hat und jetzt Pferde stiehlt, mit dem man die Schlechtigkeit der Männer und die Flatterhaftigkeit der Frauen diskutiert, den man aber selbst gewissermaßen nicht als Mann auf der Rechnung stehen hat – kurzum, genau das, was man im ursprünglichen Sinne unter einem Freund und unter Freundschaft versteht. In diesem Falle pflegt man allerdings jetzt zu sagen „ein guter Freund". Und weil nun diese Bedeutung ziemlich bedeutungsvoll ist und weil viele Leute nicht gern das Herz auf der Zunge tragen, suchen sie nach dezenteren Ausdrücken, die allerdings zuweilen abscheulich sind. „Ein Bekannter" – das kann jeder sein; „mein Bekannter" aber, das ist, wie schon das besitzanzeigende Fürwort anzeigt, der Mann der Wahl. Dabei ist die Voraussetzung, daß man mit jemandem bekannt ist, wohl die allerunverbindlichste – schließlich wird sich ja niemand mit einem Unbekannten tagtäglich treffen! Es gibt natürlich auch ganz unverbindliche Bezeichnungen; der „liebe Kollege" etwa, der „Klubkamerad" oder der „Bruder meiner Freundin" geben erst zu denken, wenn sie wie Froschköpfe aus dem Sumpf immer wieder in jedem Gespräch auftauchen. Manche hingegen lieben es neckisch und sprechen offenbar ungeniert von ihrem „guten Stück", von dem „Meinigen", vom „Verehrer" oder vom „Herzblättchen". Sehr summarisch verfuhr dereinst eine Kommilitonin von mir, die alle Freunde ihrer Freundinnen „Vinzenz" nannte. „Was machen eigentlich eure Vinzenze?" fragte sie uns ständig, wobei sie verächtlich das V wie ein F sprach. Es ist unnötig zu erwähnen, daß sie selbst zu der Zeit keinen Finzenz hatte.

Man sollte eigentlich denken, daß alle Schwierigkeiten ein Ende haben, wenn die Verlobung gefeiert wird. Aber dann wird es fast noch schlimmer. Wer bringt es schon fertig, einen ausgewachsenen, modernen jungen Mann außer im Scherz „mein Bräutigam" zu nennen? Unwillkürlich stellt man sich darunter jemanden vor, der errötend mit einem Blumenstrauß mit Spitzenmanschette vor einer verlegenen jungen Dame kniet, die nur mit Mühe die Worte herausbringt: „Welche Überraschung! Sprechen Sie mit Papa!" Übrigens – einen Tag lang ist der junge Mann dann irgendwann zwar nicht „mein Bräutigam", sondern „der Bräutigam", und es gibt an diesem einen Tage keine andere Bezeichnung für ihn, so ungemütlich er sich auch fühlen mag. Bis dahin kann seine spätere Frau ihn natürlich auch „mein Verlobter" nennen, was wohl die gebräuchlichste Bezeichnung ist. Aber schön klingt das eigentlich auch nicht, sondern eher schrecklich spießig, weswegen sich eine ganze Menge junger Damen in ihrer Verlobungszeit ständig um diese Bezeichnung herumdrückt. Da gibt es dann statt dessen den „Zukünftigen", der aber auch nicht hübscher auszusprechen ist. Ich hatte übrigens früher einmal mit jungen Mädchen zu tun, die stets und ständig verlobt waren, wenn auch zuweilen nur übers Wochenende. Aber verlobt zu sein bedeutete gar nichts – man mußte „ringverlobt" sein, um eine gesicherte

Zukunft vor sich zu sehen. Infolgedessen gab es natürlich außer dem „Verlobten" auch noch die viel solidere Form des „Ringverlobten".

Wenn man dann schließlich verheiratet ist, kann man endlich schlicht und zutreffend „mein Mann" sagen. Sicher erinnern sich unendlich viele Ehefrauen noch daran, wie herrlich es war, als man die allerersten Male mit vollem Recht diese Bezeichnung gebrauchen konnte, und wie erstaunlich es schien, daß die Umwelt das so gleichgültig und ungerührt hinnahm und es keineswegs sensationell fand, wenn man etwa sagte: „Mein Mann möchte Tee zum Frühstück!" Merkwürdigerweise aber sind auch mit dieser Bezeichnung offenbar nicht alle zufrieden. Manche möchten es gern vornehmer und sprechen peinlicherweise von ihrem „Gatten", und manche geben gleich Aufschlüsse über die Art ihres internen Verhältnisses, indem bei ihnen von „meinem Alten", vom „Chef", von „unserm Pappi" oder „Herrchen" die Rede ist. Auch neckische Ehefrauen mit einem „Göttergatten", einem „Goldstückchen" und einem „Engelchen daheim" trifft man immer wieder und wundert sich, wie der Göttergatte auf die Dauer soviel Humor aushält – aber wahrscheinlich war er schon vor Jahren „mein gegenwärtiger Zukünftiger" und wußte also, auf was er sich einließ.

„Das ist nicht ihr Freund, mit dem sie bloß befreundet…" wurde mir neulich das Verhältnis zweier Menschen zueinander erklärt. Und damit war, denke ich, die Sache restlos geklärt. Trotz gewisser Lücken in der deutschen Umgangssprache.

Haben Sie schon einen Führerschein?

Als meine Mutter die Kunst des Autofahrens studierte, lernte sie nicht nur Rot und Grün, Kupplung und Bremse, Scheibenwischer und Scheinwerfer, rotumrandete Karos und rotumrandete Dreiecke voneinander zu unterscheiden, was zugegebenermaßen offensichtlich schon fast mehr ist, als ein Mensch zugleich lernen kann. Sie mußte auch vor einer strengen Kommission erschöpfend über Ventile und Schwimmer, Kolben, Pleuel, Vergaser – und was der unheimlichen Dinge in den Eingeweiden des Autos mehr sind – Rede und Antwort stehen.

Inzwischen haben die Kommissionen ein Einsehen gefunden und verlangen derartige Wunderleistungen nicht mehr. Infolgedessen geht es einem wie der Prinzessin auf dem arabischen Wunderpferd aus Tausendundeiner Nacht: man drückt auf den Knopf, und los geht es. Wieso, ist eine ziemlich unklare Geschichte. Man weiß nur, daß es irgend etwas mit Benzin und einer Zündung zu tun hat. Wie unklar einem die Sache ist, merkt man erst, wenn man auf den Knopf drückt, und es geht trotzdem nicht los. Natürlich macht man dann die Motorhaube auf und schaut hinein, was aber eigentlich nur eine symbolische Geste ist. Denn was man dort auch immer erblickt – es sagt einem nichts. Vielleicht würde man die Tatsache, daß der Motor gestohlen ist, bemerken. Viel mehr aber sicher nicht. Trotzdem ist es ungeheuer wichtig, in den Motor zu starren. Nach allgemein üblichem Brauch ist es nämlich das SOS aller autofahrenden Damen.

Autofahrende Herren lassen sich in zwei Gruppen einteilen: die einen sind an Damen, die andern an Motoren interessiert. So kommt es, daß meist Hilfe nicht lange auf sich warten läßt. Aber weder das Interesse an Damen noch das an Motoren bietet dafür Gewähr, daß der Betreffende den Schaden findet. Immerhin ist er einem an Vermutungen mit sehr einleuchtenden Fachausdrücken weit überlegen. Die eindrucksvollste Hilfe wurde mir einmal von zwei Sechzehnjährigen auf einem Motorrad zuteil. Sie kamen herangebraust, stoppten mit einer Staubwolke, drängten mich sacht vom bevorzugten Blickplatz in den Motor weg und begannen wortlos zu basteln. Im Laufe einer Viertelstunde kamen noch etwa sechs Genossen dazu, die sich über die Ursache des Versagens nicht einigen konnten. Schüchterne Versuche meinerseits, mich am Gespräch zu beteiligen, wurden mitleidsvoll überhört. Nach etwa einer Stunde lagen genau sechsunddreißig Teile des Motors auf der Erde ausgebreitet. Es war sehr beängstigend. Ich konnte nicht einmal mehr (als SOS-Ruf an andere Fahrer) in den Motor schauen, da das bereits ständig acht Köpfe versuchten. Aber schließlich war alles wieder drin – auch nicht das Geringste blieb übrig – und das Auto fuhr wieder. Die jungen Herrn lehnten jeden Dank in Form von Zigaretten und klingender Münze ab. Seitdem habe ich ungeheure Hochachtung vor den Halbstarken.

Obwohl man also normalerweise mit einem winzigen Mininum an Technik auskommt, ist dennoch das Autofahren eine schwierige Kunst. Ohne Kotflügel wäre es für die Anfängerin sicherlich leichter. Aber die Kotflügel haben offensichtlich die zauberhafte Eigenart, sich auszubreiten und alles mögliche zu streifen. Auch das Licht vergißt man hin und wieder einzuschalten, vor allem in erleuchteter Großstadt, wohingegen es andererseits vorkommen kann, daß man mit eingeschaltetem Scheinwerfer vor dem Kino parkt. Aus eigener Erfahrung kann ich die erstaunliche Tatsache mitteilen, daß nach einem solchen Parken mit Festbeleuchtung das Auto es ablehnen wird, einen noch am selben Abend vom Kino nach Hause zu fahren. Dagegen ist es gegen Morgengrauen wieder dazu bereit. Nach Expertenaussagen liegt das an der Batterie.

Es ist ein weitverbreiteter Aberglaube, daß ein Mensch, der seinen Führerschein hat, auch fahren kann. Zuerst fehlt einem der Fahrleher sehr, der im Tone eines versierten Irrenarztes sanft zu einem sagt: „Abbremsen, kuppeln, schalten, Gas!" Und das auch in jenen Momenten, wenn das grüne Licht zu erröten droht, die Hintermänner hupen, ein Verkehrsschutzmann zum Zufußgehen auffordert und der Motor im Begriff ist, abgewürgt zu werden.

Ein weiterer Aberglaube besteht darin, daß der angetraute Mann in der Übergangszeit den Fahrlehrer ersetzen könnte. Selbst der geduldigste Mann wird zum mindesten stumm aufseufzen und Blicke nach oben werfen, mit denen er den Himmel zum Zeugen seiner Qual anruft, wenn man sich verschaltet, wenn man alle andern vorläßt, wenn man jede Haltestelle einer langsam fahrenden Straßenbahn geduldig miteinhält, auf einer Kreuzung stehenbleibt oder dem Vordermann ganz sanft gegen die Stoßstange pufft. Ungeduldige Männer aber brüllen die noch eben geliebte Frau an, wenn sie aus Versehen dem Getriebe kreischende Töne entlockt, eine Rechtskurve mit dem linken Winker kundtut und was der begreiflichen Versehen mehr sind. Blicke zum Himmel, Seufzer und harte Worte sind aber genau das, was Anfängerinnen am Steuer nicht vertragen können. Wenn es bei mir auch nur bei Seufzern einerseits und zusammengebissenen Zähnen andererseits blieb, so soll es doch große Auseinandersetzungen mit Durchleuchtung mindestens der letzten drei Ehejahre, mit betontem Aussteigen auf offener Landstraße und mit Türenknallen gegeben haben. (Wobei es besonders wirkungsvoll ist, wenn der Gekränkte den Zündschlüssel mitentführt.)

Unversehens naht sich der Tag, wo man schaltet, ohne ans Schalten zu denken, und wo einem der Schutzmann an der Ecke nicht mehr das Herz höher schlagen läßt. Man kann wirklich fahren, bis, ja, bis das Auto einmal unerwartet stehenbleibt.

Gebrauchtes Auto – halb geschenkt

Nahezu jedem Manne traut man die Fähigkeit zu, sein Auto günstig zu verkaufen und für den Erlös (und eine mehr oder weniger große zusätzliche Summe) ein gebrauchtes anderes zu erstehen. Für Frauen gilt die gleiche Aktion als ein unerhörtes Risiko, so, als wollten sie in Tennisschuhen das Matterhorn besteigen oder im Heizungskeller eine kleine Portion Dynamit zum Eigenbedarf herstellen. Zugegeben: man versteht nicht allzuviel von gebrauchten Autos – aber, genaugenommen, versteht man von Pelzen und Brillanten auch nicht allzuviel, und doch würde einem jeder den Kauf eines Pelzmantels oder eines Brillantenarmbandes zutrauen, vorausgesetzt, man hätte die notwendige finanzielle Grundlage. Warum also kein Auto? Schließlich hat man seit etlichen Jahren den Führerschein in der Handtasche; und neulich konnte man sogar jemandem, der hilflos auf der Straße stand, theoretisch beibringen, wie man ein Rad auswechselt. Man muß sich nur vor allen schwierigen Aufgaben überlegen, ob einem nicht eine Reihe ziemlicher Trottel einfällt, die sie auch zufriedenstellend gelöst haben. Und gerade beim Autokauf fallen einem geradezu herdenweise erfolgreiche Käufer ein, die wahrlich keine Intelligenzbestien sind.

Das wichtigste beim Gebrauchtwagen-Handel ist die vergleichende Marktforschung. Man kann sie per Telefon betreiben. Das ist zwar sehr bequem, aber nicht ganz zuverlässig. Bei den zahlreichen Händlern sind immer viel mehr Exemplare da – natürlich wundervoll erhalten und geradezu einmalige Gelegenheiten – als nachher wirklich da sind, wenn man quer durch die Stadt dorthin geeilt ist. Und auch die Zusage, daß man über den Verkauf des alten Autos, das man in Zahlung geben will, schon entgegenkommend einig werden wird, sieht Auge in Auge dann nicht mehr so freundlich aus. Ein wenig kommt man sich vor wie Hänsel und Gretel, die zunächst einmal ins Pfefferkuchenhaus hineingelockt werden sollen.

Es ist also unumgänglich notwendig, nach dem Stadtplan große Kreuzfahrten zu veranstalten und die vergleichende Marktwirtschaft an Ort und Stelle zu betreiben. Sehr verwirrende Tatsachen werden offenbar, die man sich vergeblich zu erklären versucht: Warum kostet bei einem Händler ein Auto gleicher Kilometerzahl, gleichen Baujahres, gleicher Farbe und gleicher Wohlerhaltenheit soviel weniger als beim andern? Will der eine uns übers Ohr hauen, oder ist der andere ein Wohltäter der Menschheit? Hat das eine Auto verborgene Laster und das andere etwa ein vorzügliches Radio? In diesem Falle fände man vielleicht Erklärungen. Aber warum will der eine für unseren alten Wagen, der keine geheimen, sondern nur sehr sichtlich in den Lack gekratzte Mängel und einen unangenehm hohen Kilometerstand hat, achthundert Mark geben und der andere zweitausend? Übrigens tut es uns weh, wenn ein autoverkaufender Jüngling in verächtlichem Ton von unserem treuen Veteran spricht und ihn geradezu boshaft in die Reifen tritt. Wir haben zwar inzwischen gelernt, von ,,unfallfrei`` und ,,Erstbesitz``, von ,,scheckheftgepflegt`` und ,,Garagenparker`` zu sprechen, aber der jugendliche Verkäufer betrachtet trotz allem unser Auto mit schlecht verhehltem Ekel. Da sind die älteren Herren zumeist viel netter. Sie sagen wenigstens, daß der Motor es noch lange macht, daß sie auch einmal so einen gefahren haben, daß man die Kratzer in der eigenen Werkstatt überpinseln kann – auch wenn sie schließlich zweihundert Mark weniger bieten.

Natürlich ist das neue alte Auto ein noch schwierigeres

Problem. Aber man arbeitet sich auf die Dauer ein: man bückt sich nach den Reifen, lacht über den genannten Preis fröhlich, kratzt nachdenklich über eine winzige Spur von Rost, nicht ohne hinterher den Finger vorwurfsvoll abzupusten, und läßt die Motorhaube öffnen, ohne jedoch genau zu wissen, wonach man eigentlich gucken soll. Man schaut auch ganz gelangweilt drein, wenn einem Dinge angespriesen werden, von denen der Verkäufer annimmt, daß sie speziell das Damenherz entzücken: ein Schminkspiegel etwa, ein scheußliches Blumenväschen, die extravaganten Schonbezüge oder die Farbe, in der man (natürlich in Neu und in Luxusausführung) gerade eben ein Modell an die Filmschauspielerin XY verkauft hat. In Wirklichkeit liegt einem natürlich die Farbe sehr am Herzen, und man muß an sich halten, daß man nicht das Auto in entzückendem Himmelblau nimmt, auch wenn es mehr kostet und abgefahrene Reifen hat. Und die wirkliche einmalige Gelegenheit kann man einfach nicht kaufen, weil sie Polster hat, mit deren abscheulichem Rot man sich nie befreunden wird.

Spätestens wenn offenbar wird, daß man nicht weiß, ob Gürtelreifen etwas Gutes sind, hilft Verstellung nichts mehr. Hat man Glück, so werden nunmehr im Händler wahrhaft väterliche Gefühle wach. Und wenn man dann alle erreichte Emanzipation verleugnend auch noch einen gestrengen Ehemann oder Vater zitiert, der nicht erlaubt, daß man mehr als soundsoviel ausgibt und dafür aber mindestens das und das nach Hause fahren muß, so regen sich unter Umständen edle Gefühle der Hilfsbereitschaft für die arme Frau, der zu einem vernünftigen Auto verholfen werden muß. Übrigens stellt man dann vielleicht nach sechs Wochen fest, daß die Hälfte des Werkzeugs fehlt, meist gerade zum gleichen Zeitpunkt, wenn der vorsichtig über verdächtige Stellen gepinselte Lack abzublättern beginnt. Aber das könnte schließlich dem stärksten Manne auch passieren!

„Bei der übernächsten Kreuzung müssen wir rechts abbiegen...!"

Zu den Aufgaben einer geübten Beifahrerin gehört zumeist auch das Auffinden des richtigen Weges, worunter man sowohl das Ausfindigmachen einer abseitig gelegenen Ruinenstadt in irgendeiner Wüste als auch der Oper in Paris oder der Elisenstraße in der eigenen Stadt zu verstehen hat. Die Anforderungen sind also vielseitig und nicht ohne Hindernisse zu bewältigen. Zunächst einmal muß der Beifahrer wissen, daß man unter „unten" die südlichen Regionen zu verstehen hat, was jeder begreift, der eine Landkarte auf den Knien hält. „Oben" ist natürlich Norden, und „rechts" und „links" ergibt sich logisch. Schwierig kann es allerdings werden, wenn der Beifahrer gezwungen ist, die Landkarte, der Reiseroute wegen, auf den Kopf zu stellen. Nur Fahrer mit feinem Einfühlungsvermögen werden in diesem Falle nicht an der Geographie irre. Manchmal geht es auch so schrecklich schnell, daß der Beifahrer nicht rechtzeitig auf der Karte nachsehen kann, ob man noch weiter auf der 417 fahren oder schon in die 73 einbiegen muß. Geht die Abbiegung nach rechts hinter, in oder vor Oberwaldenau vonstatten? Und zählte die kleine Sackgasse auch mit bei „vierte Straße links hinter der Kreuzung"? Außerdem steht auf den Schildern oft nicht der Name des Dorfes geschrieben, zu dem man hin will, sondern nur die nächste größere Ortschaft, wohin man nicht will. Kurzum, dies alles vereinfacht die Sache nicht gerade.

Aber alle derartigen Schwierigkeiten sind ein wahres

Kinderspiel, gemessen an denen, die durch die Persönlichkeit des Fahrers entstehen. Da sagt man etwa rechtzeitig: „Bei der nächsten Kreuzung (oder Ampel) müssen wir aufpassen, da könnte es schon nach Fürstenberg gehen (in die Kaiser-Friedrich-Straße einbiegen)!" Was aber tut der Fahrer dann? Anstatt langsam zu fahren, damit man Zeit hat, die Schilder wahrzunehmen, fühlt er sich durch solche Hinweise merkwürdigerweise zu besonders zügigem Fahren angeregt, so daß der Beifahrer trotz angespanntester Aufmerksamkeit nichts ausmachen kann. Es soll ja Fahrer geben, die angesichts einer solchen Situation zurückfahren, um sich zu orientieren. (Ich habe erst ein einziges Mal einen getroffen, aber der war dann anschließend auch brummig.) In der Regel aber wird zunächst einmal weitergefahren. Und nur die eiserne Notwendigkeit bringt schließlich den Fahrer dazu, einzusehen, daß zwar die Erde rund ist, daß es aber doch ein wenig umständlich ist, auf Grund dieser Tatsache immer weiter geradeaus zu fahren. Mittlere Umwege hingegen werden immer in Kauf genommen, ehe man sein Gefährt dreht. Auch gibt es Fahrer, die nie lernen, daß ihr ständiger Beifahrer nicht immer rechts meint, wenn er rechts sagt, vor allem dann nicht, wenn er dabei nach links zeigt. Andere wieder sind ungläubig: Irgendwie haben sie in ihrer Vorstellung oder Erinnerung einen anderen – natürlich schnelleren – Weg irgendwohin im Kopf und bestehen darauf, den zu fahren. Oder sie behaupten schlicht, das gesuchte Schloß läge ganz gewiß nicht vor, sondern hinter der Stadt, und fahren konsequent an etwas vorbei, das ganz wie das gesuchte Schloß aussieht. Selbstverständlich hatten sie völlig recht, wenn man nur den Umstand, daß sie das vorige Mal von der anderen Seite gekommen sind, in Betracht zieht.

Wenn man gar nicht mehr weiter weiß, empfiehlt es sich, einen Ortskundigen nach dem Weg zu fragen. Auch hier kommen gewisse Eigenheiten des Fahrercharakters zum Vorschein. Manche bestehen darauf, ununterbrochen zu fragen, obwohl der Beifahrer seiner Sache ziemlich sicher ist und auch alle Punkte, die der letzte Ortskundige gab (Tankstelle, Kriegerdenkmal, schmaler Feldweg, Baustelle, Supermarkt...), aufgefunden wurden. Anderen geht es offenbar gegen die Fahrerehre, nicht Bescheid zu wissen. Sie fahren und fahren ohne rechte Ahnung ins Blaue. Und selbst, wenn man an sich schon übereingekommen ist, jemanden anzusprechen, passen die Personen, die in Frage kämen, nicht: Der eine sieht so aus, als ob er auch fremd wäre; der andere ist sicherlich der Dorftrottel; die Frau auf dem Fahrrad hat's eilig, und das junge Mädchen geht auf der falschen Straßenseite. Besser ist's, man wartet auf einen Laden, in dem man auch Zigaretten kaufen kann – und schließlich hat man den ganzen Ort durchfahren und weiß immer noch nicht wohin. Manche Fahrer sind übrigens auf die merkwürdigste Art schüchtern und überlassen das Fragen grundsätzlich dem Beifahrer, vor allem dann, wenn es darum geht, in einer fremden Sprache (wobei man die fehlenden Worte durch Mimik oder Gestik ersetzen muß) den richtigen Weg auszukundschaften. Übernimmt der Fahrer aber selbst das Wort, so geschieht es häufig, daß er, anstatt Erkundigungen einzuziehen, dem Angesprochenen Vorträge hält, etwa nach der Art: „Wenn ich zum Mozartplatz will, muß ich doch jetzt zuerst immer geradeaus fahren und dann da unten irgendwo rechts abbiegen. Da muß doch dann das Opernhaus ganz in der Nähe sein und so schräg links davon..." Der Befragte kann nur noch mit dem Kopf nicken oder schütteln, und der Beifahrer zeigt ausgesprochene Anzeichen der Nervosität.

Zum Schluß sollte noch konstatiert werden, daß der Beifahrer sehr häufig anderen Geschlechts ist als der Fahrer. Dies erleichtert einerseits die zwischenmenschlichen Beziehungen, schafft aber andererseits auch zusätzliche Spannungen um das Problem, ob man sich wirklich auf dem richtigen Wege befindet.

Die allerbesten Freundinnen ...

Aus Büchern hat man gelernt, daß etwas ungeheuer Zartes und Poetisches um die Freundschaften junger Mädchenblüten ist. Verbunden in schwärmerischem Glauben an das Gute und Schöne, schließen sich Mädchen an der Schwelle des Erwachsenseins zusammen und erinnern den wehmütigen Beschauer an das reine Streben der eigenen Jugend. So ungefähr formuliert es der romantische Dichter. Leider hat die Sache in der Praxis ein sehr viel weniger edles Gesicht. So wurde etwa eines Morgens unser Haus von gellendem Protestgeschrei erfüllt, das der jüngere Sohn ausstieß. Diese unmelodischen Töne waren die unmittelbare Folge eines morgendlichen Gedankenaustauschs junger Mädchenblüten. Entgegen der Dichtermeinung ging es dabei übrigens weder um das Gute noch eigentlich um das Schöne, sondern um die sehr irdische Frage: „Was ziehst du heute zur Schule an?" Und da die Busenfreundin sich für Kniestrümpfe entschlossen hatte, mußte auch unsere Tochter in reiner Freundschaft in Kniestrümpfen ihren Studien obliegen. Daß dabei ein Übergriff in die Strumpfschublade des kleinen Bruders unterlief, wird jeder – außer der eigenen kleinlichen Familie – verstehen. Ein mißtönendes Duett nach den Texten: „Sie soll sofort meine Strümpfe ausziehen!" – „Er braucht sie doch heute gar nicht!" – „Sie kann ja wenigstens fragen!" und „Er soll sich nicht so anstellen!" ging trotz aller Machtworte zischelnd und flüsternd weiter, bis die andere Busenfreundin erschien – und zwar, da sie offenbar noch keinen Gedankenaustausch gepflegt hatte: ohne Strümpfe. Da nun nicht mehr die fürchterliche Gefahr drohte, nicht mit Kniestrümpfen in die Schule gehen zu müssen, wenn die besten Freundinnen alle welche trugen, bekam der aufgebrachte Bruder sein Eigentum zurück.

So ist der Einfluß der Freundinnen mächtig in unserem Hause. Er wirkt sich besonders auf die ständig besprochene Garderobenfrage aus. Zum Beispiel wird ein langes Telefongespräch allein über die Frage geführt, ob man wohl morgen abend den Organdykragen auf das Samtkleid nähen soll. In Anbetracht dessen, daß der Organdykragen reizend ausschaut, daß aber eine Ziege aus der Klasse – der so etwas ähnlich sieht – ihn kopiert hat und ihn zum gleichen Anlaß mit einer an Sicherheit grenzenden Wahrscheinlichkeit auch tragen wird, blockiert dieses Problem längere Zeit das Telefon. Es ist überhaupt unvorstellbar, wie sich vor der Erfindung des Telefons durch Philipp Reis die Freundschaft junger Mädchen gestaltet hat, denn das Telefon spielt eine gewaltige und von verständnislosen Müttern und Vätern oft geschmähte Rolle. Diese können nicht recht einsehen, wieso man schon am Mittag die besten Freundinnen anrufen muß, die man doch den ganzen Vormittag in der Schule genießen konnte. Wie ich mir habe sagen lassen, sind auch außer mir unzählige andere Mütter und Väter hoffnungslos im Kampf um die Respektierung der Mittagsruhe gescheitert. Immer noch schrillt die Telefonklingel bei uns in Mittagessen und Mittagsschlaf: „Entschuldigen Sie bitte, wenn ich störe…" Diese Telefongespräche erscheinen dem Außenstehenden häufig weder dringend noch liebenswürdig, denn oft gehen die Meinungen der Telefonpartner auseinander, wie man aus Redensarten wie „Das finde ich richtig gemein von dir!" oder „Du bist richtig eklig!" heraushören kann. Das Eklige liegt dann aber nur darin, daß die eine Freundin nicht mit dem Rad zum Tennisplatz kommen will, sondern mit der S-Bahn.

Das Wesentliche jeder Mädchenfreundschaft besteht in

einem ständigen Gedankenaustausch, wobei die Themen wechseln und mannigfaltig sind. Man kann sich genauso heftig darüber streiten, ob ein Wollpulli zum Leinenrock paßt, wie darüber, wer der zur Zeit größte Konzertpianist ist. Man kann sich völlig einig sein, wie schrecklich die Soundso hinter den Jungen her ist, und beratschlagen, wie man es bloß anstellen könnte, „ganz zufällig" einen bestimmten, sehr geschätzten Knaben zu treffen. Man ist der gleichen Meinung über die superstrengen Eltern, die einem nicht erlauben, den Schluß einer Teenagerparty abzuwarten, sondern einen Termin zum Heimkommen setzen, und man kann sich aufregen über die großzügigen Eltern einer Freundin, denen es offensichtlich ganz gleich ist, wann ihr Kind heimkommt. Natürlich macht man auch große Pläne: Die Eltern könnten eine Jacht kaufen, oder ein Reitpferd, das Zimmer wird ganz umgestaltet, ein Tweedkostüm müßte man haben, im Winter könnte man jetzt eigentlich mal ganz allein zum Skilaufen, und ein Jahr gemeinsam in Amerika wäre doch auch fabelhaft. Schade nur, daß die Eltern, die im ganzen gesehen gar nicht so unsympathisch sind, sich so schwer für kühne Pläne erwärmen können. Immer wieder muß sie ausgesprochen werden, die niederschmetternde Feststellung: „Das erlauben ‚meine' nie!"

Um übrigens noch einmal auf das lästige Telefonieren zurückzukommen: Achtzehnmal, so zählten der kleine Bruder und ich neulich, wurde während eines Telefongesprächs „Also, tschüs!" gesagt. An ehrlichem Bemühen, sich kurz zu fassen, fehlt es also wirklich nicht. Nur ist es eben auch in der Freundschaft nicht immer möglich, das angestrebte Gute zu verwirklichen. Was schon die Kräche beweisen, die ein echter Bestandteil jeder Mädchenfreundschaft zu sein scheinen.

Was Teenager so kleidsam finden...

Noch nie hat in der Welt Einigkeit in der Frage geherrscht, was als schön und was als häßlich anzusehen sei, aber es ergeben sich doch in Unterhaltungen über diese Frage weitgehende Übereinstimmungen, vor allem, wenn man mit Leuten spricht, die einem sympathisch sind. Vielleicht beruht gerade hierauf ein großer Teil der gegenseitigen Sympathie. Es verbindet schließlich irgendwie, wenn man in gemeinsame Begeisterung über ein Buch ausbrechen kann oder wenn man den gleichen Abscheu vor der neuen, repräsentativen Klubgarnitur der Familie Altmann empfindet. Trotz aller Sympathie aber trennen uns zuweilen Welten von unseren Töchtern, Nichten und anderen uns bekannten und sogar von uns geliebten Teenagern, wenn es darum geht, was wohl eine angehende junge Dame von dreizehn bis sechzehn Jahren verschönt.

Voller Verzweiflung protestieren Generationen von geplagten Müttern etwa in dem Sinne: „Ich kann es nicht mehr mit ansehen, wie sie sich so verschandelt!!!" „Sie" ist die Tochter, die eben anfängt, das Beste aus ihrem Typ zu machen oder vielmehr das, was sie für das Beste hält, was sich leider nicht immer deckt. Da gibt es eine ganze Gruppe von jungen Schönen, die offenbar ihre ersten Schminkversuche nach der Devise „Wenn schon – denn schon!" starten. Falls sie sich wirklich irgendwo informieren, wie man denn wohl mit Wimperntusche, Augen-Make-up, Lippenstift und Puder umgehen sollte, schauen sie der stärkeren Wirkung wegen ganz sicher nur unter

„Großes Make-up für den festlichen Abend" nach, so daß sie der erstaunten Familie mit lila umrandetem Auge am Frühstückstisch gegenübersitzen. Die kluge Mutter, die immerzu in noch klügeren Zeitschriften gelesen hat, daß sich die Persönlichkeit ihrer Tochter frei entfalten muß und daß das Kind höchstens durch das überzeugende Beispiel geschmacklich beeinflußt werden soll, beginnt gequält an der Richtigkeit moderner pädagogischer Grundsätze zu zweifeln und ist sehr erleichtert, wenn der in diesen Dingen unbelastete Vater durch ein altmodisches Machtwort eine energische Wäsche des ganzen Gesichts anordnet. Ein Abgrund trennt den gewaschenen Teenager von seinen Lieben, die so offenbar gar nichts von wahrer Schönheit verstehen! Wahre Schönheit – das bedeutet zuweilen auch ein in Richtung „sündig und dämonisch" stark veränderter Mund, der ein sonst freundliches Kleinmädchengesicht auf das merkwürdigste verfremdet; das bedeuten in tiefstem Schwarz ausgemalte Brauen, die ein finsteres und grüblerisches Aussehen verleihen; und das bedeutet ein stark chinesisch anmutender, überdimensionaler Lidstrich. Man verzweifelt daran, wie irgendein Mensch auf der Welt an dieser Art von Make-up Gefallen finden kann, und muß zu seiner höchsten Verwirrung feststellen, daß in den Augen der so Verschönten die verständnislose Umwelt es ist, die einfach keinen Geschmack hat.

Bei jenen Teenagern, die auf ausschweifende Malereien verzichten, sind es – wie viele Familien leidvoll erfahren müssen – die Haare, an denen sich die Geister scheiden. Es kann doch einfach nicht sein, daß das Schönste auf der Welt eine ständig ins Auge fallende Strähne sein soll, um die man mühsam herumblicken muß. Oder daß es gefallen kann, wenn ein kleines, schmales Gesicht von oben und von beiden Seiten durch dichte Fransen auf ein winziges Dreieck reduziert wird! Oder daß es hübsch aussehen soll, wenn gar die junge Dame vor jedem Gebrauch des Gesichtssinnes erst ihre Augen mit beiden Händen und mit mehr oder weniger anmutiger Bewegung freilegen muß! Das andere Extrem einer Schönheit, die wir nicht erkennen können, ist das kunstvolle Gebäude aufgetürmter Haarmassen in kühnster Konstruktion. Und wenn dann noch gewagte Farbtöne in Kastanienfarben und Silberblond ausprobiert werden, verschlägt es einem wirklich die Sprache angesichts solcher absichtlich herbeigeführten Scheußlichkeiten. Hier möchte man sehr reaktionär denken, daß sich vielleicht ein wenig auf die Toleranz pfeifen ließe.

Der normale Teenager wandelt sich jedoch Gott sei Dank im Laufe der Monate und Jahre: Der Mund wird zart und hübsch gemalt, die dicken schwarzen Balken über den Augen werden mit der Zeit zierlich und braun oder gar grau, und das große Augen-Make-up wird schließlich auch nicht mehr heimlich außerhalb des Hauses angefertigt, sondern bleibt festlichen Abenden vorbehalten. Auch das Haar wird schließlich irgendwie gebändigt. Eines Tages kann man dann erleben, daß der große Teenager dem kleinen Teenager energisch mit einem hübschen Band die Mähne aus dem Gesicht schafft – womöglich sogar mit den Worten: „Kannst du es verstehen, daß sie so 'rumläuft?" Nein, man kann es ganz und gar nicht verstehen. Man konnte es schon nicht verstehen, als der große Teenager so herumlief.

Die armen schönen Frauen

In den Märchenbüchern gibt es eigentlich nur drei Sorten weiblicher Gestalten: uralte, dann solche, die so schön von Angesicht sind, daß es alle Welt in Erstaunen versetzt, und ferner die Häßlichen. Häßlich wie die Nacht, heißt es ja wohl, wobei verwunderlich ist, was denn eigentlich die Märchendichter an der Nacht auszusetzen hatten. Das Herz der Schönen schlägt, abgesehen von wenigen Ausnahmen, wie Schneewittchens Stiefmutter, warm und gut für Mensch und Tier. Die Häßlichen dagegen sind nicht nur neidisch, was ja schließlich zu verstehen wäre, sondern auch böse und intrigant und finden ein schlimmes Ende.

In Wirklichkeit sieht natürlich alles ganz anders aus. Zunächst einmal sind die Schönen, die ob ihrer Schönheit alle Welt in Erstaunen versetzen, sehr dünn gesät. Es gibt eigentlich keinen Grund, das zu bedauern. Wenn man selbst fabelhaft schön ist, wünscht man sich nicht unbedingt noch mehr schöne Frauen, und wenn man selbst nicht fabelhaft schön ist, tut man es noch weniger. Aber auch die wahrhaft Häßlichen sind rar. Manche klugen Leute behaupten sogar, es gäbe sie gar nicht. Man müsse nur den Mut haben, seine Eigenheiten zu betonen, um aus Häßlichkeit persönlichen Charme und Pikanterie zu machen. Das hört sich in der Theorie sehr einleuchtend an. Aber betonen Sie mal Raffzähne oder eine lange spitze Nase oder rote Lidränder! Betonen Sie ein fliehendes Kinn, breit ausladende Hüften oder O-Beine! Ich bin nicht sicher, ob man den gewünschten Erfolg garantieren kann. Auch mit dem Gang zum Friseur und zur Kosmetikerin ist es nicht immer getan, wie die Fotos amerikanischer Millionärinnen durchaus zu beweisen imstande sind.

Neben den wenigen ganz Schönen und ganz Häßlichen gibt es das zahllose Heer derjenigen, die in den Märchenbüchern einfach unterschlagen werden; die, die ein bißchen hübsch sind und ein bißchen häßlich oder alles beides zusammen. Sie haben etwa wunderschöne Haare, aber auf den Schultern Sommersprossen, sie haben herrlich kohlschwarze lange Wimpern, aber ihre Nase ist zu groß geraten, sie besitzen die schönsten schmalen Hände, aber die Taille dürfte gut und gern fünfzehn Zentimeter weniger aufweisen. Manchmal ist auch gar nichts Besonders an ihnen, aber plötzlich, wenn sie braungebrannt mit geschlossenen Augen in der Sonne liegen oder wenn sie auf eine ganz besondere Art lächeln, sehen sie einen Augenblick lang geradezu schön aus. Und im nächsten Moment, wenn sie gespannt mit leicht offenstehendem Mund einer Unterhaltung zuhören, sind sie richtig häßlich; und die Freunde ihrer Freunde fragen sich verdutzt: „Was um alle Welt findet er bloß an der?"

Wenn die Märchen berichten, daß die schönsten Frauen automatisch auch mit den schönsten Charaktereigenschaften ausgestattet sind, so erzählen sie auch darin Märchen. Vielleicht kommt man, wenn man wirklich ganz fabelhaft schön ist, nicht so dazu, seinen Charakter auszubilden wie jemand, der ganz durchschnittlich aussieht und wie jeder andere herumgeschubst wird. Auch wirkt es sicher nicht anfeuernd auf den Verstand, wenn jeder noch so dumme Ausspruch mit Beifall quittiert wird, nur weil die, die ihn tat, eine Oberweite von ein Meter sechs hat, und dazu eine Hüftweite von nur achtundachtzig Zentimetern. „Ich freue mich so, in X. zu sein; X. ist eine so wundervolle Stadt ...", sagt sie etwa bereits auf dem Flugplatz. Und das steht dann am nächsten Morgen noch in der Zeitung. Hierin wird oft die tiefe Tragik der schönen Frau gesehen, und wenn man bedenkt, daß sie dazu noch

– wie es so schön heißt – um ihrer Schönheit willen und nicht um ihrer selbst willen geliebt wird, so könnte man eigentlich auf Knien dankbar sein, wenn man weit weniger schön geraten ist. Aber trotzdem: wer würde nicht ein bißchen Tragik gern auf sich nehmen, wenn man dabei umschwärmt würde wie eine Kerze bei Nacht? Mit vierzehn Jahren machte auf mich eine Geschichte großen Eindruck, wo ein herrlich schönes Mädchen sich die rechte Wange mit einem langen Messer aufschlitzte, weil es nicht nur schön sein wolle. Das ist aber auch der einzige mir bekannte Fall eines so konsequent geführten Kampfes gegen die eigene Schönheit für die inneren Werte. Übrigens bekam das Mädchen den strahlenden Helden, der durch den schrecklichen Vorfall kolossal seelisch geläutert wurde, trotzdem. Er wird sie wahrscheinlich in der Folge von der anderen Seite angesehen haben.

Zwischen den wenigen ganz schönen Frauen und den vielen anderen besteht im Grunde genommen keine Freundschaft. Von der einen Seite ist natürlich Neid einer der Gründe, denn auch, wenn es für den Charakter nicht förderlich ist, man würde doch gern einmal von zahllosen Anbetern um seiner Schönheit willen geliebt werden. Es ist auch viel Gekränktsein mit im Spiel, denn wer hat es gern, wenn die Augen der bisher eigenen Anbeter plötzlich groß und leuchtend werden beim Auftritt der blendenden Schönen? Wer liebte es wohl, die begeisterten Lobreden über ihre fabelhafte Erscheinung zu hören?

Und die schönen Frauen? Im Grunde genommen interessieren sie sich kaum für die anderen. Schon der ganz besonders entzückende und niedliche Teenager hat keine richtige Freundin. Er hat bestenfalls eine Gefolgschaft von unansehnlichen Begleiterinnen, die aufopferungsvoll Schularbeiten erledigen, Telefonanrufe besorgen, Alibis für die gestrengen Eltern angeben und Eis spendieren. Natürlich profitieren diese Freundinnen von dem Glanz, den ihre Primadonna ausstrahlt. Sie bewegen sich in einem Kreis hoffnungsvoller Jünglinge, die nett zu jeder Begleiterin sind, weil sie nicht wissen, wie gering der Einfluß dieses kleinen dicken, vorlauten Wesens auf die angebetete fünfzehnjährige Schönheit ist. Übrigens würde diese nie auf die Idee kommen, ihre Anbeter um Nettigkeit für die kleine Dicke zu bitten. Da man sie nie vernachlässigt hat, kann sie sich nicht vorstellen, wie entsetzlich es sein kann, völlig übersehen zu werden.

Normal hübsche Frauen dagegen haben normal hübsche Freundinnen, so daß sie zusammen gesehen auch einen besonders erfreulichen Anblick zu bieten vermögen. Sie bitten auch schon einen ihrer Freunde, mit der kleinen Dicken zu tanzen, denn sie haben auf Grund eigener Erfahrungen sehr viel mehr Phantasie als die gefeierten Schönheiten. Dafür fehlt ihnen aber jener letzte hinreißende Glanz.

Übrigens gibt es natürlich Frauen, die die Schönheit einer Raquel Welsh mit dem Herzen einer heiligen Genoveva verbinden. Sie sind die schöne Helena und Iphigenie in einer Person. Man muß nur fleißig genug nach ihnen Ausschau halten. Vor allem in Büchern.

Der Kampf mit der Handtasche

Ein Dach über dem Eingang müsse unbedingt sein, erklärte der Architekt, weil nämlich sonst die Damen völlig durchregnet würden, ehe sie in ihrer Handtasche den Hausschlüssel gefunden hätten. Hiermit berührte er einen allgemein bekannten wunden Punkt in der weiblichen Lebensführung: denn während der Mann zielbewußt in höchstens zwei verschiedene Taschen in Mantel und Hose greift und dann den Hausschlüssel hat, muß die geplagte Frau eine Suchaktion größeren Ausmaßes durchführen, ehe sie den so notwendigen kleinen Gegenstand in Händen hält. Vermittels seiner Schwerkraft hat er immer die Neigung, in die untersten hintersten Ecken abzurutschen, es sei denn, er habe sich auf halber Höhe in das für den Spiegel bestimmte Fach verirrt, wo er noch schwerer aufzuspüren ist. Nun steht es zwar den Damen durchaus frei, auch ihrerseits die Schlüssel in den Manteltaschen umherzutragen. Aber auch das führt nicht zu schnellerer Auffindung: Erfahrungsgemäß greifen sie erst in die Manteltasche, wenn sie mit steigendem Entsetzen ihre Handtasche um und um gekramt haben. Dann endlich fällt ihnen nämlich ein, daß sie ihn gar nicht dort deponiert haben. Ähnliche Suchaktionen finden übrigens auch nach dem Geldtäschchen statt. Immer wieder kann man etwa an Warenhauskassen beobachten, wie ständig nervöser werdende Damen in ihrer Handtasche herumwühlen, um schließlich mit deutlich sichtbarer Erleichterung das Portemonnaie ans Tageslicht zu befördern.

Eine ideale Handtasche gibt es offensichtlich nicht – alle sind sie entweder zu groß oder zu klein. Manche sind so klein, daß man noch nicht einmal das Allerwichtigste hineintun kann, geschweige denn ein Geldtäschchen. Es sind die für die ganz festlichen Gelegenheiten, bei denen man normalerweise ja auch kein Geld braucht. Und wenn diese Gebilde aus Gold, Brokat oder Stickerei sogar für den Kamm und die Puderdose zu winzig sind, so bekommt der mehr oder weniger murrende Begleiter alles in die Jackentaschen gesteckt. Man ist dann auf Gedeih und Verderb an ihn gekettet, und es hat schon zu Unstimmigkeiten geführt, weil man unter Umständen gerade dann seine Puderdose dingend brauchte, wenn er mit einer fremden Schönen intensiv beschäftigt war.

Aber auch normal kleine Handtaschen sind ständig zu klein, einfach deswegen, weil man sehr oft etwas in sie hinein- und sehr selten etwas aus ihnen heraustut. Diesen Zustand nehmen sie übel, indem sie ausbeulen und Form und Schönheit einbüßen. Das merkt man übrigens nie sofort. Aber irgendwann einmal sieht man seine eigene gewohnte Handtasche irgendwo liegen und betrachtet sie gewissermaßen mit fremden Augen. Dann überkommt es einen plötzlich, wie alt und schäbig sie geworden ist. Die größeren Handtaschen wiederum sind zu groß. Man neigt dazu, nach und nach einen halben Hausstand in ihnen mitzuführen. Zuweilen trifft man sogar auf Damen, die in der großen Handtasche noch eine kleinere herumtragen, ganz zu schweigen von all dem andern, was sich dort im Laufe der Zeit ansammelt: Papiertaschentücher paketeweise, halbe Tafeln Schokolade, Strümpfe, Schrauben, denen die Mutter fehlt, der Knopf vom Übergangsmantel, Schreibutensilien, gebrauchsfähig und lädiert, mehrere Lippenstifte, Kämmchen und sonstige Kosmetika, die längst als verloren gelten, ein Strafzettel für falsches Parken, ein altes Foto, Ausweise jeder Art – und Papiere, Papiere, Papiere. Hin und wieder gibt es dann ein Großreinemachen. Es beginnt damit, daß man die Handtasche einfach kurz entschlossen umstülpt und ihren Inhalt auf einen Tisch ausleert. Es ist immer sehr peinlich, festzustellen, daß außer allem andern auch ein Gerieselvon etwas, was man gelinde mit „Staub" bezeichnen könnte, herniedergeht. Wie, um alle Welt, ist dieser Staub nur in die Handtasche geraten? Man ist doch schließlich ein reinlicher Mensch! Am besten sortiert man den Inhalt in drei verschiedene Häufchen: das, was wieder in die Tasche hineinkommt, das, was woanders hinkommt, und das, was in den Papierkorb wandern kann. Vor allem der letztere Berg gibt eine gedrängte Übersicht über die letzte Zeit wieder: Kino- und Theaterkarten, Einladungen mit notiertem Wegweiser auf dem Umschlag, der Kassenzettel von diversen Geschenken für den Fall, die Empfänger hätten sie umtauschen wollen, drei Hustenbonbons vom letzten Husten, ein mehrfach gelesener Brief und zwei ungelesene, schnell eingesteckte Postwurfsendungen. An den andern beiden Häufchen ist eigentlich vor allem das interessant, was man längst verloren geglaubt und nun wiedergefunden hat – sei es der Lieblingsstift, die Visitenkarte mit einer wichtigen Adresse oder der Garantieschein der Armbanduhr. Und mit den überall zwischen den Papieren angetroffenen Rabattmärkchen kann man geradezu Kapital bilden. Nach der Aufräumerei scheint die Handtasche dann entsetzlich groß und leer. Man kann sich überhaupt nicht vorstellen, wieso man eigentlich Puderdose, Lippenstift und Kamm nicht immer in dies Fach gelegt hat und Ausweise und Papiere in jenes. Und wenn man den Hausschlüssel immer dorthin tut, wo er jetzt wohleingeordnet ruht, wird man ihn ab heute immer bei der Hand haben. Es ist wirklich gar nicht so schwierig, in einer Handtasche Ordnung zu halten! Aber leider, leider muß gesagt werden, daß aus dem Architekten große Lebenserfahrung spricht, als er für ein Dach über der Haustür plädierte.

„Das wird aber dieses Jahr gar nicht getragen!"

Die alte Binsenweisheit „Es gibt solche und solche und dann noch ganz andere" trifft auch auf Verkäuferinnen zu. Diese Erkenntnis liegt natürlich darin begründet, daß wir mit kaum einem anderen Berufszweig so oft in Berührung kommen. Kaum betritt man einen Laden, kann man schon die verschiedensten Eindrücke gewinnen: Da gibt es Damen, die mit äußerster Zuvorkommenheit sogleich herbeieilen, und andere, die einem das unangenehme Gefühl verleihen, man sei ein taktloser Störenfried, der ungebeten in eine interessante Gesprächsrunde hineinplatzt. Mehr noch: Man stürzt drei oder vier bisher friedliche Damen in den Konflikt, wer denn nun wohl die angenehme Runde verlassen muß, um notgedrungen nach dem Begehr der Kundin zu fragen. Hat man seine Wünsche geäußert, gibt es wieder die verschiedensten Verhaltensweisen: Die einen sind bereit, nahezu den ganzen Laden auf den Kopf zu stellen und auch noch aufs Lager zu eilen, um einem den Wunsch nach ein paar dunkelblauen Kniestrümpfen Größe sechs zu erfüllen, während die andern sinnend und völlig unbeteiligt danebenstehen, während man nach Jeans für eine Elfjährige fahndet. Auf dringende Bitte um Hilfeleistung kann man zu hören bekommen: „Ich bin hier nur zur Aushilfe!", was offensichtlich heißen soll, daß auf Hilfe nicht zu rechnen ist. Andere wieder sind finster entschlossen, einem etwas zu verkaufen, und wenn das Gewünschte nicht da ist, sollte es wenigstens etwas anderes sein. Der Schlafanzug ist zwar in 128 nicht da, aber die nächste Größe fällt besonders klein aus und läuft dazu noch ein, man kann allerdings auch die Größe darunter nehmen, denn die wieder fällt besonders groß aus und weitet sich noch. Die Farbe der Schuhe ist zwar etwas rötlich, dunkelt aber nach, und der weiße Blazer ist auch nicht empfindlicher als der leider ausverkaufte blaue. Außerdem wird jetzt Weiß sehr viel getragen.

Dies Argument sticht offensichtlich immer. Daß man diesen Rock oder Pullover gar nicht so schnell nachbestellen kann, wie er gekauft wird, ist offensichtlich die schönste Empfehlung. Und ausgefallene Wünsche der Kundin werden mit den vernichtenden Worten abgeschmettert: „Das wird aber dieses Jahr gar nicht getragen..." Nun handelt es sich nicht etwa darum, daß man ein Mini-Gewand, eine unten enge lange Hose oder einen Schutenhut kaufen will, nein, es handelt sich lediglich etwa um ein Flanellkostüm, einen Regenmantel ohne Achselstücke, ein grünes Tuch, ein paar weiße Lederhandschuhe ohne Schmucknähte oder sonst etwas ganz Gängiges, zur Zeit nur nicht Vorrätiges.

Natürlich gibt es auch Verkäuferinnen, die sich durch so viel Eleganz und Gepflegtheit auszeichnen, daß man sich heimlich wünscht, man hätte doch lieber nicht das alte Kostüm angezogen (oder – noch schlimmer – den alten Büstenhalter), wenn man mit ihnen zu tun bekommt. Manchmal sind sie sehr nett und menschlich und bemühen sich voller Spaß an der Sache, auch aus uns ein Muster an Eleganz zu machen. Manche fassen es aber auch als ihre Hauptaufgabe auf, Kundinnen so einzuschüchtern, daß die sich kaum trauen, anderer Meinung zu sein oder gar nichts zu kaufen. Unter Umständen kommt „rein zufällig" eine genauso imposante Kollegin vorbei, während wir in einem uns gar nicht behagenden Gewand vor dem Spiegel paradieren, und bricht in Schreie des Entzückens aus. Irgendwie verwirrt es einen, daß diese so eleganten Wesen gar nicht sehen, daß man in dem guten alten Kostüm doch viel schlanker wirkte und nicht geradezu kurzbeinig – aber vielleicht hat man auch Unrecht ... Und es wird schwierig, mit der wenig originellen Ausrede von dem Mann, mit dem zusammen man wiederkommen wird, den Rückzug anzutreten, ohne das Gewand gekauft zu haben. Manchen Verkäuferinnen merkt man sofort an, daß sie diese Ausrede kein bißchen glauben und einen dafür verachten, andere wieder gehen so liebenswürdig darauf ein, daß man schon anfängt, selbst daran zu glauben.

Selbst wenn man versucht, sich mit Gleichmut zu wappnen, liegt es doch oft an den Verkäuferinnen, wie man sich als Kundin fühlt. Die Sätze: „Sie sind eben etwas stark in den Hüften" und „Diese französischen Modelle sind immer besonders schmal geschnitten" drücken etwa den gleichen Tatbestand aus – aber welch ein Unterschied in der Wirkung auf das Selbstgefühl! Dieses Selbstgefühl wird auch verletzt, wenn gelegentlich andere Kundinnen vorgezogen werden. Entweder steht man wie bestellt und nicht abgeholt vergeblich wartend auf den vornehmen Veloursteppichen herum, oder man stellt mit Verbitterung fest, daß die Verkäuferin, die eigentlich nachsehen wollte, ob das blaue Leinenkleid noch in einer kleineren Größe auf Lager war, sich inzwischen einer vertrauteren Kundin zugewandt hat, während man selbst wehrlos mit Stecknadeln gespickt in der Umkleidekabine steht.

Gerechtigkeitshalber soll hier aber doch festgestellt werden, daß man durch sorgfältige Beobachtungen in den einschlägigen Geschäften zu der Feststellung kommt. daß es auch unter den Kundinnen solche und solche und dann noch ganz andere gibt.

Die vielen schicken Kleinigkeiten

Vielfältig sind auf dieser Welt die Möglichkeiten zu sparen, und es ist immer erfreulich, auf eine neue Methode zu stoßen, die es nicht von einem verlangt, Anschaffungen zu unterlassen und das auf diese Weise nicht ausgegebene Geld zur Sparkasse zu tragen (wo es Zinsen und Zinseszinsen erbringt), sondern die einen verpflichtet, auf andere Art dennoch Geld auszugeben. Eine bewährte und immer wieder angepriesene Methode ist – wie wir alle wissen – die mit dem einen einzigen „schmalen" Kleid und dem ständig wechselnden modischen Zubehör. Wir haben es alle gelesen: mit einer Hemdbluse, schlichten Ohrclips und sportlichen Schuhen trägt man es ins Büro, mit Breitschwanzjäckchen, Abendtasche und großem Schmuck ins Theater, mit Chiffonüberwurf, grünen, straßbesetzten Schuhen und grünen Handschuhen zur Party, und wenn man sich noch einen schmalen Mantel aus dem gleichen Stoff, eine kleidsame Kopfbedeckung und lange weiße Handschuhe anschafft, so kann man es auch vorzüglich zur standesamtlichen Trauung tragen – allerdings ist es ratsam, zu diesem Zweck ein Paar andere Clips und einen repräsentativen Schmuck für den Mantelkragen zu wählen.

Ich weiß nicht recht, wie andere Frauen das machen – bei mir wäre das kleine Schwarze oder sonstwie gefärbte „schmale" Kleid, wenn ich es eine Zeitlang mit untergezogener Hemdbluse oder mit einem moosgrünen warmen Pullover (in diesem Fall nicht die moosgrünen Wollstrümpfe vergessen!) im Büro oder im Haus getragen hätte, ganz gewiß nicht mehr makellos genug für die Party. Aber es gibt auch sichtlich begnadete Frauen: Schon in der Schule saß ein Mädchen neben mir, das noch in der sechsten Stunde saubere Fingernägel hatte – bei ihr wäre auch sicher das Kleid mit den vielen Verwendungsmöglichkeiten nach wochenlangem Gebrauch weder ausgebeult, noch zeigte es irgendeinen Fleck.

Aber das eigentliche Problem liegt ganz sicher beim modischen Zubehör oder bei den Accessoires, wie man so schön sagt. Um so recht zu sparen und um aus einem Kleid sechs Möglichkeiten zu schaffen, braucht man eine wahre Unmenge davon. Leider aber bekommt man für den Anschaffungspreis von Modeschmuck plus Schuhe Handschuhe plus Handtasche oder plus Mantel plus Chiffonüberwurf plus geblümten Blazer plus Pullover mit Wollstrümpfen – oder wie die Kombinationsmöglichkeiten noch sein mögen – spielend ein neues Kleid. Damit sich also die Anschaffung dieser teuren Accessoires wirklich lohnt, muß man sich ein zweites Kleid – vielleicht in Weiß – anschaffen, denn sonst erweisen sich doch etwa die lila Schuhe als zu aufwendig, wenn man sie nur jedes sechste Mal zum Schwarzen tragen könnte. Wie jeder sieht, muß also diese Art zu sparen sehr genau durchgeplant werden. Aber auch sonst sieht sich die Frau von Welt vor Problemen bei der Anschaffung all der schicken Kleinigkeiten, die erst den letzten Hauch von Eleganz verleihen. Es kann etwa sein, daß sie – hingerissen von einem ganz besonders schönen Himbeerrot oder Apfelgrün – in einen wahren Rausch verfällt und alles, aber auch alles, in dieser Farbe wählt. Auf dem Kopf, an den Ohren, um den Hals, an den Händen, in den Händen und an den Füßen – ein Himbeerrot jagt das andere. Oder es kann sein, daß das Apfelgrün der Schuhe in Lackleder genau einen Stich anders ist als das der Handschuhe in Wildleder, so daß der Beschauer zunächst einmal damit beschäftigt sein wird, fortwährend zu überlegen, ob er sich vielleicht irrt oder ob die Dame sich geirrt hat. Und dabei sollte er sich doch eigentlich überlegen, wie wundervoll die Dame heute wieder aussieht. Es kann auch sein, daß das, was als Vorschlag in der Modezeitschrift so überaus einleuchtend aussah, an einem selbst sehr befremdend und eher ein wenig wie Karneval wirkt. Besonders die kunstvoll geschlungenen Tücher haben es in sich, vor allem, wenn man sich etwa drei Stunden nach dem Schlingen zufällig wiedersieht.

In gewisser Hinsicht ist der Name „Zubehör" irreführend. Manchmal stehen wir vor dem genau umgekehrten Sachverhalt. Daß sich gekrönte Häupter passend zu ihren Juwelengarnituren Kleider anfertigen lassen, ist verständlich, wenn man bedenkt, wie sich etwa der Anschaffungspreis auch des aufwendigsten Abendkleides zu dem von Diadem, Kette und Armband aus bohnengroßen Smaragden verhält. Aber auch ohne die solide Grundlage eigener Kronjuwelen wird nach dem gleichen Prinzip verfahren. Als meine Mutter einmal ein rehbraune Handtasche geschenkt bekam, die zu nichts paßte, und kurz darauf in einem Schaufenster besonders einleuchtende Schuhe im gleichen Braun entdeckte, erstand vor ihrem inneren Auge die Vision eines flaschengrünen Kostüms, das nach eben diesen Accessoires schrie. Das Kostüm war jahrelang ein großer Erfolg, genauso wie im letzten Sommer die Strandkombination einer Freundin in Orange und Weiß, die auf der Grundlage eines apfelsinenfarbenen Kopftuches aufgebaut wurde, von dem jeder hellbegeistert konstatiert hatte, daß es ihr wirklich hinreißend stand.

Verstehen Sie etwa das Mode-Deutsch?

Sie ist ein echter Hit und komplettiert jeden Dreß, kurzum, sie ist brandaktuell und belebt effektvoll auch das Partykleid von der letzten Saison mit einem neuen Look, und wenn Sie gar mit IHM durch Swinging London bummeln wollen, so assortiert sie auch noch den Partner-Look." Hier ist – Sie werden kaum ohne Abbildungen darauf kommen – von der wieder in Mode gekommenen Weste die Rede, und was Sie soeben gelesen haben, war feinstes Modeberichterstattungsdeutsch, das sich in gewisser Hinsicht von anderem Deutsch unterscheidet und imstande ist, einen zu befremden. Stellen Sie sich einmal das Gesicht Ihrer besten Freundin vor, wenn Sie diese fragen: „Wie findest du meine hochaktuelle Weste?" oder: „... meinen brandheißen Tipp für Modemutige"? Wahrscheinlich würde sie etwas irritiert dreinschauen. Aber sie würde wenigstens in etwa wissen, wovon Sie reden, zumal sie ja als beste Freundin genau weiß, was von Ihren Sachen neu ist, auch wenn Sie diese nicht schlicht „Kleid" oder „Hose" nennen sollten, sondern „dekoratives Modell" oder „Hit dieses Party-Winters". Schwieriger wird die Sache aber, wenn Sie ihr am Telefon erzählen würden, Sie hätten sich soeben einen (oder ein – so genau weiß ich das auch nicht) Jumpsuit gekauft. Ist sie nicht ganz ehrlich, wird sie „Aha" oder so etwas sagen. Zählt sie aber zu den Aufrichtigen, wird die sich erkundigen, was denn, um Himmels willen, dies nun wieder ist. Für den Fall, daß Sie es auch nicht wissen: Ein Jumpsuit ist, wie ich glücklicherweise einer nebenstehenden Fotografie entnahm, eine Art Strampelanzug für erwachsene Damen, ohne den Sie, wie ich an gleicher Stelle las, in diesem Winter nicht auskommen können. Es ist wirklich ein Segen, daß man so gut informiert wird. Stellen Sie sich nur vor: Um ein Haar hätte man diesen Winter glücklich und zufrieden hinter sich gebracht und wäre gar nicht gewahr geworden, daß einem ein Jumpsuit bitter gefehlt hat, ja, man hätte noch nicht einmal gewußt, was ein Jumpsuit ist! Aber auch auf Patchwork dürfen Sie auf keinen Preis verzichten, wenn Sie up to date sein wollen. Das sind unendlich geflickte und gestückelte Werke aus Stoff und Leder, die, im Gegensatz zu früheren Gepflogenheiten, gerade dadurch besonders teuer sind. Aber alles lernt sich, auch die neuen Vokabeln jeder Saison. Oder – Hand aufs Herz – konnten „Sie, wenn Sie nicht gerade Feinschmecker sind, vor zehn Jahren viel mit dem Begriff „Aubergine" anfangen? Nun aber ist es, wenn auch zuweilen mit einem deutlichen „Au" versehen, längst in aller modebewußten Damen Munde, die ja inzwischen auch dabei sind zu lernen, daß ein Chasuble eine Art Mantel ohne Ärmel ist – natürlich auch sehr aktuell und überhaupt ganz und gar nicht aus der Garderobe der Carrier-Girls und der Party-Girls wegzudenken, zumal es auch die Hose zu einem neuen Ensemble komplettiert.

Überhaupt lernen wir als modebewußte Damen eine ganze Menge allgemeiner Bildung. Wenn auch kaum jemand den „Dr. Schiwago" ganz gelesen hat, den „Schiwago-Look" kennen wir alle; und wenn wir auch mit den alten Griechen und Römern nicht mehr viel im Sinn haben, so verlangen doch die Modeberichterstatter von uns, daß wir eine Tunika und eine Stola kennen. Und abgesehen davon, daß wir seit einiger Zeit alle, wie wir da sind, wissen, was Folklore ist, so werden wir auch immerzu mit der Nase auf Folkloristisches gestoßen: Gipsy-Look, schlichter: Zigeuner-Look genannt, Mandarin-Look, Western-Look, Gaucho-Look, Afro-Look und was der

Looks sonst noch sein sollten. Dazu kommen Kaftan (neuerdings auch für modemutige männliche Twens), Kasack, Poncho, Kimono und Bolero. Das alles haben wir längst so einigermaßen im Kopf. Also werden Sie ganz gewiß auch noch dahinterkommen, was Caddy-Hosen und was Body-Stockings sind, falls Sie es nicht längst wissen. Aber könnten Sie auch genau erklären, was denn nun eigentlich diese Cardigans und Redingotes darstellen, von denen man immer wieder liest? Raglans, das sind die mit den nach obenhin spitzen Ärmeln, die so leicht zu stricken sind, weil man zum Schluß immer so schön abnehmen kann. Aber ein Overall wiederum kann alles mögliche sein, vom Monteuranzug angefangen. Natürlich ist er stets sportlich-elegant, worum es sich bei diesem widersprüchlichen Begriff auch immer handeln mag, denn „sportlich-elegant" ist eine Bezeichnung von Ewigkeitswert, genauso, wie wir seit Jahren als neuestes Ergebnis erschöpfender Modekritik lesen, daß in dieser Saison die Mode sehr jung und sehr weiblich sei, so, als sei sie bislang alt und männlich gewesen.

Aber ganz gewiß ist Modeberichterstattung eine Wissenschaft für sich, deren Schwierigkeit der Laie kaum ermessen kann. Man sieht es zum Beispiel daran, daß die Experten sich offenbar noch nicht einmal einig sind, wie man den allerwichtigsten Begriff überhaupt schreiben soll: schick oder chic oder chique und chik? Neulich las ich sogar von einer „chicen Frau". Da muß ich aber denn doch als Laie meine Bedenken anmelden!

Einmal getragen – und dann nie wieder...

Von gekrönten und sonstwie prominenten Damen liest man zuweilen, daß sie jedes Gewand nur einmal tragen und dann an die Ortsarmen verschenken. Dies stimmt, wie so vieles, was man liest, natürlich nur partiell. Erstens handelt es sich dabei hauptsächlich um die Staatsroben, für die die Ortsarmen ohnehin so recht keine Verwendung haben; zweitens wird viel mehr, als man so gemeinhin denkt, von tüchtigen Schneidern bis zur Unkenntlichkeit verändert, und drittens neigen gerade sehr wohlhabende Damen dazu, mit ihren getragenen Gewändern zwar diskrete, aber immerhin noch einträgliche Geschäfte zu machen. Also: mit dem Einmaltragen stimmt die Sache wirklich nur sehr selten. Und wenn wir einmal kritisch unseren eigenen Kleiderschrank betrachten, finden wir sicher ebenfalls das eine oder andere Stück, das auch nach einmaligem Tragen nie wieder ans Licht des Tages geholt worden ist.

Es gibt eben unter unseren Kleidern wahre Stiefkinder. Da ist zum Beispiel das eine ganz knackig enge. Man kaufte es, weil es so beosnders schön und in der nächsten Größe nicht vorhanden war und weil man fest daran glaubte, daß die paar Zentimeter in der Taille leicht zu schaffen wären. Man schaffte es auch und war mit seinem Spiegelbild voll zufrieden. Leider aber hatte man nicht bedacht, daß es mit dem Stehen vor dem Spiegel allein nicht getan ist – man muß auch sitzen können... Immer wenn man dies Kleid im Schrank hängen sieht, fällt einem der wundervolle Augenblick ein, als man im Auto nach einem langen Abend endlich den Reißverschluß öffnen konnte. Seitdem hängt das Kleid da und wartet darauf, daß man in absehbarer Zeit doch noch die paar Zentimeter schafft, die einem bisher das entspannte Sitzen verbieten. Ein paar Zentimeter sind es auch nur, die einen daran hindern, das Chiffonkleid aus wahrhaft traumhafter Seide zu tragen. Es war ein bißchen zu lang – und wer kann schon Chiffon säumen? Und selbst, wenn man einen fände, der das kann und auch täte, wer sagt einem dann, ob man es nicht gleich darauf bitter bereuen wird, weil es beinahe so aussieht, als würde die Mode wieder auf lang umspringen? Das Kleid, das man eigentlich gar nicht haben wollte, aber dann doch nahm, weil man (schon durch vieles vergebliches Anprobieren ermattet und demoralisiert) nicht dem eigenen Urteil, sondern der Begeisterung zweier geschickter Verkäuferinnen folgte, hängte ebenfalls in manchem Schrank und wird auch durch geduldiges Hängenlassen nicht überzeugender, obwohl es von Zeit zu Zeit hervorgeholt und anprobiert wird. Schließlich hat es ja soundso viel Mark gekostet und ist auch wirklich ein wunderschönes Kleid – nur für eine andere. Und das Kleid, an dem man nach einleuchtendem Änderungsvorschlag selbst begonnen hat, den Ärmel zu modernisieren und den Halsausschnitt auf den neuesten Stand zu bringen, und das nun im halbfertigen Zustand mit einem Ärmel, der ganz anders wirkt, als es aufgemalt war, irgendwo herumhängt, ist auch kein Einzelfall. Genauso wie das, an dem etwas geschehen muß, weil der Busenabnäher nicht im Einklang mit dem Busen lebt, weil der Gürtel immer aufgeht, die Rockfalte nach außen klappt oder die Blusenknöpfe die fatale Eigenschaft haben aufzuspringen. Es gibt KLeider, die einen rasend machen können, weil es an ihnen immer etwas zu ordnen gibt: Die Taille rutscht hoch, der Kragen klappt um, die Manschetten, die eigentlich herausgucken sollen, verschwinden im Ärmel, und die Schleife geht auf. Ist es ein Wunder, daß man diesen Anforderungen zumeist nicht gewachsen ist, sondern lieber etwas anderes anzieht?

Und dann gibt es da auch noch die herrlichen folkloristischen Gewänder, die man im Urlaub einfach kaufen mußte, weil sie so schön waren und so kunstfertig und so kostbar im Material und dazu noch so billig! Nun gibt es ja ganz gewiß buntbestickte Kaftans, die mit großem Erfolg des öfteren getragen wurden – doch leider gibt es hierzulande aber auch unendlich viele schöne Exemplare, die nur einmal und nie wieder das Licht einer Party erblicken durften, weil es sich doch um mächtig wärmende Kleidungsstücke handelte. Auch Bauernröcke und Stickereiblusen sind nicht für jeden so tragbar, wie man angenommen hatte. Das spanische Kleid aus Sevilla erinnert doch allzusehr an Volkstanz mit Kastagnetten, und die chinesische Jacke, die ein wirkliches Museumsstück aus uraltem Brokat ist, sieht eben auch, wenn man sie anhat, wie ein Museumsstück aus. Bei anderen Importen aus fernen Landen kann einem wiederum die ganze Freude an dem guten Stück verdorben werden, wenn man genau das gleiche ebenso billig in einem jener Spezialläden für Hippie-Kleidung findet, die es jetzt daheim überall gibt. Und so hängt es dann fürs erste – und nicht nur fürs erste.

Manchmal hat man Glück: Irgend jemand sieht einen von den Dauerhängern und bricht in Entzückungsschreie aus. Gerade so etwas hat er – oder besser: sie – schon immer haben wollen! Und so bietet sich endlich die Gelegenheit, es zu verschenken, zu vertauschen oder zu verkaufen, auf jeden Fall aber das gute Stück loszuwerden, das einem die eigene Unvollkommenheit, sei es im Auswählen, sei es im Reparieren, sei es im Hinblick auf figürliche oder planerische Fähigkeiten, immer vor Augen stellt. Ich hätte da beispielsweise ein Kostüm, in dem ich wie eine graue Maus aussehe und das dazu auch noch bei längerem Sitzen knittert. Und dabei war es noch ganz schön teuer!

Auf in den Schlußverkauf!

Wie jeder weiß, ist der Sommerschlußverkauf nicht nur für alle Geschäfte eine ideale Gelegenheit, das Lager zu räumen, damit nicht etwa die Stammkundinnen auch im nächsten halben Jahr ständig ein fröhliches Wiedersehen mit dem teuren, zartlila Ladenhüter aus Paris feiern können, sondern auch eine ebenso ideale Gelegenheit für die Kundinnen zu sparen. Der zartlila Pariser Ladenhüter etwa wird blutenden Herzens um ganze hundertzwanzig Mark herabgesetzt, so daß die Kundinnen hier die einmalige Möglichkeit erhält, glatt einhundertzwanzig Mark zu sparen – zugegebenermaßen eine reizvolle Möglichkeit, die man zum mindesten überlegen sollte. Und wenn man dann noch an die herrliche Qualität des Stoffes und das Schildchen der bekannten Haute-Couture-Firma denkt, so vergißt man unter Umständen, daß man eigentlich in den Ausverkauf gezogen war, um angestaubte Bettwäsche zu ergattern.

Viele Frauen ziehen wegen angestaubter Bettwäsche, herabgesetzten Küchenhandtüchern, Einmaligen-Gelegenheits-Burschenunterhosen und saisonbedingter Kinderwintermänteln aus, und zuweilen kehren sie auch wirklich mit diesen nützlichen Dingen beladen heim. Es verleiht einem ein erhebendes Gefühl von Wohlstand und Hausfrauentugend, wenn man im Wäscheschrank den vom Zahn der Zeit angenagten Stapel Bettbezüge mit günstig erstandenen Neuzugängen ein wenig aufstocken kann, und es tut einem wohl, wenn man die nicht mehr recht repräsentativen Staubtücher aus dem Verkehr zieht und durch funkelnagelneue Sonderangebote ersetzt. Auch die Hemden des Sohnes, bei denen man großzügig seit längerer Zeit übersehen hatte, daß sie, genaugenommen, nicht allzu weit über den Bauchnabel reichten, werden nun ausrangiert und durch längere preisbrechende Hochleistungen ersetzt. Nicht, als ob man nicht längst dem armen Kinde hätte Unterwäsche kaufen können – aber es bedurfte offenbar des Anstoßes von einer Mark und fünfundzwanzig Ersparnis pro Hemd.

Für manche Frauen ist der Ausverkauf eine Art sportlicher Veranstaltung, ein Wettrennen mit gleichgesinnten Damen, bei dem man vorher noch gar nicht recht weiß, um welchen Preis es geht. Nur das eine weiß man ganz sicher: man wird alles tun, um den Konkurrentinnen diesen Preis abzujagen. Aus diesem edlen Kampfgeist heraus entstehen dann die sattsam bekannten Szenen, wo zwei wackere Streiterinnen eine herabgesetzte Pelzmütze zwischen sich hin- und herzerren. In den Augen böswilliger Kritiker der Weiblichkeit ist allerdings die Anzahl so kampffroher Naturen viel größer als in Wirklichkeit. Im allgemeinen geht alles ziemlich friedlich zu, denn im Grunde genommen ist es doch viel zu genant, sich wie eine reißende Bestie aufzuführen. Übrigens lassen manche Geschäfte ihre Stammkunden schon tagelang vor dem Beginn des Ausverkaufs nach Herzenslust in Ruhe herumwühlen. Das wird natürlich wie ein tiefes Geheimnis behandelt, das man sorgsam in seinem Busen verwahren soll und das man niemandem verrät. Man schleicht sich gewissermaßen in den Laden und sieht dann erstaunt eine Unmenge anderer Damen, die sich an den Tischen nur so drängen und auch unter dem Schleier des gleichen Geheimnisses schon einmal aussuchen dürfen, um die Perlen herauszufischen, ehe die Menge, die nicht die Ehre hat, als Stammkunden angesehen zu werden, hereinbricht.

Wenn auch der Ausverkauf die große Zeit des praktischen, sparsamen Denkens ist – oder doch sein sollte –, so machen einem leider die Dinge den größten Spaß, die man auch günstig ergatterte, die aber nicht so unbedingten Nutzwert haben: ein Paar niedliche goldene Sandaletten, farbige Strümpfe, ein feuerrotes Seidenkissen und ein Stück von einer hinreißenden Seide, das für eine Bluse zuviel und für ein Kleid zuwenig ist, aber genau die Farben hat, die man besonders gern trägt. Man kommt auch zu Anschaffungen, deren Notwendigkeit man noch nicht so recht eingesehen hatte, mit denen man aber schon lange liebäugelte: der Nutzwert eines Kaminrockes etwa mag umstritten sein, ganz sicher aber ist es sehr nützlich, beim Kauf eines herrlich molligen Exemplars mindestens fünfundzwanzig Mark einzusparen. Ähnlich kann es mit einem Kamelhaarblazer, einer Batisttischdecke und einem Paar hoher Stiefel gehen. Leider aber darf auch nicht verschwiegen werden, daß man sich zuweilen hinreißen läßt, Dinge zu erstehen, die dann zu Hause sich als glatter Mißgriff erweisen. Der Anorak für die kleine Tochter hätte ihr vielleicht im vergangenen Winter gepaßt, während der Rock für die Große nur so schlottert. Der preisgünstige Pullover kratzt abscheulich, und der grüne Schirm, der genau das gleiche Grün wie die grünen Schuhe haben sollte, beißt sich auf das niederträchtigste mit ihnen, und die Bluse sitzt am Halse nicht. Hier zeigt sich nun der wahre Pferdefuß des Ausverkaufs: getauscht werden darf nicht! Und so sitzt man oft da vor gänzlich überflüssigen Schätzen.

Freundlich und optimistisch hingegen berührt der Name an sich. „Winterschlußverkauf" – und das gerade in den allerkältesten Tagen, wo noch sehr viele andere kalte Tage vor uns liegen! Wie tröstlich das klingt: „Winterschluß", wenn einen die Bindfäden der erstandenen Päckchen und Packen in die klammen Finger schneiden.

Schneidern Sie auch so gern selbst?

Die erste Nähmaschine, auf der ich nähte, hatte die fatale Angewohnheit, urplötzlich rückwärts zu gehen und dabei den Faden abzureißen. Meine Handarbeitslehrerin behauptete allerdings, das läge nur an mir, was mir allerdings unwahrscheinlich schien, da ich mir mindestens ebensoviel Mühe gab wie meine Klassengefährtinnen. Und deren Maschinen liefen nicht rückwärts. Damals nähten wir eine Windel. Wir mußten sie zuerst fadengerade ausschneiden, dann den Saum gleichfalls fadengerade kniffen, dann stecken, dann reihen und schließlich auf der Maschine nähen, wobei die Naht zwei Millimeter neben der Saumkante zu verlaufen hatte. Da ich – wie gesagt – an einer tückischen Maschine nähte, verlief meine Naht in Schlangenwindungen ganz woanders, so daß ich Sonderleistungen im Trennen zu vollbringen hatte. Heute bin ich übrigens nicht ganz sicher, ob wirklich alle vierzig Windeln, die so ein Baby etwa braucht, falls es noch nicht auf Wegwerfexemplare umgestellt sein sollte, nach dieser Methode hergestellt werden müssen. Vielleicht gibt es ja Säuglinge, die es verschmerzen können, wenn einer der beiden Saumumschläge nicht vorschriftsmäßig fadengerade gearbeitet ist!

Zur Fertigstellung besagter Windel brauchten wir etwa die Hälfte eines Schuljahres, und nachdem wir die andere Hälfte auf die Fabrikation eines Kopfkissenbezuges verwandt hatten, war meine Ausbildung im Nähen beendet. Nun soll man ja eigentlich von Dingen, die man nicht recht gelernt hat, Abstand bewahren, aber gerade diese Dinge üben oft einen unwiderstehlichen Reiz aus. So geht es mir mit dem Nähen! Wenn man bedenkt, was es für herrliche Stoffe und für wundervolle Schnittmuster gibt, wenn man bedenkt, daß das ganze Kleid nur dreißig Mark kosten wird, und wenn man schließlich und letzten Endes noch bedenkt, wer alles das Pulver nicht erfunden hat und trotzdem imstande ist, ein Sommerkleid zu nähen! Schließlich ist man ja auch kein Kretin!

Mit dem Kauf eines Schnittes fängt das große Unternehmen an. Es gibt Schnittfabrikanten, die ihre Kundinnen für reine Toren halten, was das Nähen anbetrifft. Sie erklären einem mit schönen A-, B- und C-Planzeichnungen, wo man welche Kante umkippen muß, und geben eine Drei-Phasen-Darstellung für die Produktion eines Knopfloches. Derartige Schnitte bevorzuge ich sehr. Andere halten einen offensichtlich für eine Art Obermeisterin der Schneiderinnung, wenn sie lapidare Anweisungen geben wie: „Man verstürze den angeschnittenen Besatz…" oder „Man setze den Unterärmel ein…"

Wie ich übrigens selbst in verzweifelten Stunden erfahren habe, ist der Glaube, daß gar nichts schiefgehen kann, wenn man sich nur genau an den Schnitt und seine Anweisungen hält, ein Irrglaube. Bei mir geschieht immer etwas. Durch Zauberkraft ist plötzlich der Ausschnitt größer als der Kragen, eine wundervoll genähte englische Naht präsentiert sich von der linken Seite, Karos stoßen nicht aneinander, und Samt läuft in verschiedene Richtungen; manchmal gibt es irgendwo ein Durcheinander von mehreren aneinanderstoßenden Teilen, die alle nicht zueinander passen – und was für Überraschungen ich schon mit dem Einsetzen von Ärmeln erlebt habe, ist wirklich fabelhaft. Ich kann wohl mit gutem Gewissen behaupten, daß ich noch nie ein Kleidungsstück mit Ärmeln genäht habe, wo nicht mindestens ein Ärmel herauszutrennen war, obwohl ich schon etwas besser fahre, seitdem ich mich entschlossen habe, grundsätzlich alles andersherum zu nehmen, als ich es von Natur aus tun würde.

In den Augenblicken düsterer Verzweiflung, wo man

zum zehnten Male den Schnitt studiert, wo man den Hund anschreit, am Telefon unfreundlich wird, zeigt es sich, daß auch der Nähmaschine ein mitfühlendes Herz im Getriebe schlägt: sie nimmt an der Depression teil und streikt. Sie hat dann eine Art, die Nadel abzubrechen, auf der Unterseite der Näherei eine Schlangenwüste herzustellen und unvermittelt den Faden abreißen zu lassen, die von tiefem Überdruß zeugt. Ich habe übrigens meine Maschine von einer Freundin geerbt. Auch sie soll von Hunden, Kindern und Mann gemieden worden sein, wenn sie nähte.

Aber man hat auch lichte, strahlende Momente, die ein Mensch, der richtig nähen kann, nie kennengelernt. Ein solcher Mensch findet es ganz selbstverständlich, wenn ein von ihm genähter Kragen wie ein wirklicher Kragen aussieht. Aber wenn es unsereinem einmal gelingt, einen Kragen zu schaffen, der genau in der Mitte sitzt ohne Links- oder Rechtsdrall, der keine merkwürdigen Falten schlägt, der nicht hochklappt, der dazu noch einen Ausschnitt einrahmt, der in keiner Weise wie ein selbstverfertigter Ausschnitt aussieht – dann erleben wir einen wahrhaftig großen Augenblick. Merkwürdig nur, daß so ein fabelhafter Kragen nie einem Menschen auffällt und Lob hervorruft. Auffallen tun ungerechterweise nur schiefe oder verschnittene Kragen, die garantiert sogar der besten Freundin ein schadenfrohes Lächeln entlocken.

Ich habe das Selbernähen schon oft völlig erschöpft mit dem Schwur „Nie wieder!" aufgegeben. Andere Leute können es eben doch erheblich besser, und an teure Stoffe traue ich mich sowieso nicht heran. Aber wenn ich so etwa meine letzte Création – einen grünen Morgenmantel (eben jener mit der kühnen Anweisung „man setze den Unterärmel ein …!") – so stellt er doch trotz aller damit verbundenen Qualen eine reife Leistung dar. Nur von der linken Seite dürfen Sie die Ärmel nicht betrachten!

P. S. Soweit habe ich mich immerhin im Nähen vervollkommnet, daß ich die Produktion einer Windel weit unter einem halben Jahr ansetzen würde.

Eine Zofe müßte man haben

Zu den schönsten Gestalten längst vergangener Tage gehören ganz zweifellos jene Wesen, die immer gut gelaunt, immer diensteifrig, fürsorglich und vorausschauend waren, die ihren Herrinnen treu wie Gold dienten und nichts anderes im Sinne hatten als deren Wohl und Wehe, und zuweilen – da sie ja schließlich auch Menschen waren – ein kleines Trinkgeld und ein bißchen was fürs eigene Herz. Ganz klar übrigens, daß der Mensch, den sie fürs eigene Herz fanden, dann auch sofort begann, der Herrin treu wie Gold zu dienen, und nicht etwa aufrührerische Sprüche führte vonwegen zuwenig Freizeit oder so. Ich meine die Kammerzofen, jene heiteren Susannen, Lisetten und Franziskas, die uns aus Opern, Operetten, Komödien und Romanen bekannt sind.

Wie herrlich müßte es sein, so ein Wesen sein eigen zu nennen! Nie mehr könnte einen der Gedanke bedrücken, daß man das schwarze Kleid schon wieder nicht anziehen kann, weil noch immer nicht der weiße Kragen abgetrennt, gewaschen, gebügelt und angenäht ist. Lisette hätte es längst gerichtet. Nie mehr würde man im letzten Augenblick alle Strümpfe nach einem heilen und passenden Paar durchsuchen müssen. Lisette hätte längst die Strümpfe – natürlich zum Kleid passend – fein säuberlich über die Stuhllehne gehängt. Ja, schon am Morgen, beim Aufziehen der Vorhänge, hätte Lisette gesagt: „Gnädige Frau, der Himmel ist bedeckt, wir ziehen heute am besten das Tweedkostüm und den schwarzen Pullover an …" und alles hätte bereit gelegen neben dem bereits eingelaufenen Bad, das natürlich genau die richtige Temperatur hätte und köstlich duftete. Übrigens schlafe ich gar nicht bei zugezogenen Vorhängen; da man aber aus jedem Film weiß, daß jede Kammerzofe ihren Dienst damit beginnt, die Vorhänge aufzuziehen, würde ich es mir ihr zuliebe angewöhnen.

Obwohl Lisette natürlich ungeheuren Respekt vor mir hätte, würde sie mich doch verwöhnen wie ein Kind: Kalte Füße würde sie warm frottieren; käme man erschöpft aus der Stadt, wären gleich eine herrliche Tasse Kaffee und weiche Pantoffeln da; und hätte man Husten, würde sie einen mit freundlichem Zureden dazu zwingen, auf der Stelle heiße Milch mit Honig zu trinken. Das müßte ganz herrlich sein für jemanden, der sonst immer selbst die ganze Familie mit heißer Milch und Honig bedenkt! Natürlich sorgte Lisette auch dafür, daß man bei unbeständigem Wetter den Schirm nicht vergäße und bei Kälte die warmen Stiefel anzöge. Da Lisette selbstverständlich perfekt wäre, würde sie Knöpfe schon nachnähen, ehe sie abgerissen wären, so daß man nach einiger Zeit ganz vergäße, daß es so etwas wie abgerissene Knöpfe überhaupt gibt. Auch die Bekanntschaft mit verschwindenden Rockfalten, ausgebeulten Hosen, schiefen Absätzen, abgerissenen Säumen, mit Flecken, Rissen und Löchern würde sich ganz verlieren – ein unbeschreiblich erhebender Gedanke! Und frisieren würde mich Lisette natürlich auch äußerst perfekt. Je nach Wunsch und Laune – meiner Laune natürlich – würde sie dabei fröhlich zwitschern oder mich still meinen Gedanken überlassen. Das wäre sehr ungewohnt, wird man doch gewöhnlich beim Nachdenken, beim Lesen, beim Mittagschlafen durch die Badezimmertür und im hintersten Garten gefragt: „Weißt du zufällig, wo..., sind meine Strümpfe schon..., kannst du mal eben..., wer hat denn..., wie heißt auf englisch..." Kurzum, wie wundervoll müßte es sein, einen Menschen um sich zu haben, der einem nicht nur vom Gesicht abläse, ob man gerade ansprechbar wäre, sondern sich auch danach richtete! Der sogar als Schutzwall zwischen mir und der übrigen Welt stünde und im richtigen Augenblick sagte: „Es wäre besser, die gnädige Frau jetzt nicht zu stören, die gnädige Frau zupft sich gerade die Augenbrauen oder rechnet ihr Haushaltsgeld nach, oder versucht die streikende Nähmaschine wieder in Gang zu bringen…" oder was der Beschäftigungen sonst noch sind, die, für sich allein genommen, einen schon rasend machen. Natürlich wäre Lisette meine Vertraute. Sie wüßte, wer am Telefon reizend behandelt werden müßte und wen man am besten abwimmelt, für wen man in Windeseile ein anderes Kleid anziehen müßte und bei wem es ganz egal wäre, und sie würde auch ganz gewiß nicht zur Arbeitsstätte berichten, man läge im Garten in der Sonne, wenn man offiziell unpäßlich im Bette weilt. Sie würde wissen, wann Grund vorläge, in echter Mitfreude zu strahlen oder einen doppelten Kognak zu servieren. Dafür sollte sie es aber auch wirklich gut haben. Beispielsweise brauchte sie nie bis fünf Uhr früh im Ankleidezimmer auf einem Stuhle sitzend darauf zu warten, daß sie mir aus der Ballrobe heraushelfen könne. Für die paar Male würde ich mir schon selbst zu helfen wissen. Ganz abgesehen davon, daß ich leider überhaupt kein Ankleidezimmer habe.

Vor Inbetriebnahme zu beachten!

Technisch begabte Leute haben überhaupt keine Ahnung davon, was für technisch unbegabte weibliche Leute schwierig und was für sie einfach ist. Das merkte ich neulich bei der Anschaffung einer Rasenkehrmaschine. Damit Sie sich übrigens keine falschen Vorstellungen von meinem Maschinenpark machen – es handelt sich um eine Art rollenden Besen, den man ganz und gar unmaschinell mit den eigenen, bei dieser Tätigkeit rasch erlahmenden Kräften hin- und herschiebt. Bei diesem Kauf also meinte der nette Herr, der mich fachlich beriet, es wäre doch viel einfacher, das Instrument schön verpackt in Einzelteilen in einem großen Pappkarton zu transportieren, als es zusammengebaut – wo es zugegebenermaßen etwas aus dem Kofferraum herausgeragt hätte – durch die Stadt zu fahren. Hatte der eine Ahnung! Zwar gab es hier wie überall in solchen Fällen eine Gebrauchsanweisung: „Vor Inbetriebnahme zu beachten!" Aber – obwohl mehrsprachig verfaßt – war nur der erste Satz „Maschine mit allen Anbauteilen der Kartonverpackung zu entnehmen" auf Anhieb zu begreifen. Sonst wimmelte es von Teilen 1 bis 37, und wenn man auch den „Fangsack" unschwer als solchen erkennen konnte, so hatte doch die Sache bei „U-Scheibe zum Laufradbolzen", „Mutter zum Verbindungsblech" und „Verbindungsschraube für Holm und Griffbügel" ihre Schwierigkeiten. Außerdem wird in allen diesen schönen Gebrauchsanweisungen nie der Tatsache Rechnung getragen, daß man nahezu alle Teile auch verkehrt herum anschrauben kann, was man zumeist erst merkt, wenn man sich bereits durch drei weitere Arbeitsgänge eingerastet, geschraubt und eingesetzt hat.

Wie oft bei technischen Gebrauchsanweisungen war auch in meinem Fall eine Zeichnung vorhanden, auf der jedes Teil abgebildet ist und wo jeweils am Ende eines langen, hinweisenden Striches ein Nümmerchen steht, was wiederum auf einer Liste (meist auf der folgenden Seite) nachzusehen ist. Zum Anfertigen dieser Schaubilder werden nach meinen Beobachtungen überall fleißige Zwerge beschäftigt, die in ihnen gemäßer zierlichster Verkleinerung sorgfältig sowohl die Verstellschraube (21) wie den Haltegriff (3) als auch die Starterklappe (A), die Verschlußschiene (B), die Linsenschraube (K) und die Spannhülse (F) abbilden: Und die unbegabte Bastlerin hat nur noch die Aufgabe, das Teilchen im Bild auszumachen, das Nümmerchen zu merken, im Verzeichnis nachzuschlagen und unter den aus dem Karton entnommenen Anbauteilen herauszufinden. Da es meist nur zwei solcher Teile sind, die aneinander müssen, ist theoretisch alles ganz einfach.

Schade nur, daß der normale Mensch nie Gelegenheit hat, zwei Rasenkehrmaschinen, Tonbandgeräte, Heimwerker, Staubsauger, Patentserviertische, Rasenmäher, Büchsenöffner oder Gartengrills gleichen Fabrikats in Betrieb zu nehmen – beim zweitenmal ginge alles sicher ganz einfach. Denn das Problem, wo sich nun eigentlich der Vergaser befindet, den man leicht tupfen soll, würde einen in diesem Falle nur ein ebenso müdes Lächeln ablocken wie die Aufforderung, die Starterklappe zu öffnen. Inzwischen weiß man nämlich, wann die Starterklappe offen und wann sie geschlossen ist, und das winzige Ding, das den Vergaser darstellt (und in der Zwergenzeichnung nicht genau auszumachen war), hat man auch ganz einwandfrei identifiziert.

Manchmal kommen Leute zu Hilfe, wenn sie einen über neuem Gerät und Gebrauchsanweisung brüten sehen.

Ohne große Mühe bringen die Begnadeten unter ihnen es fertig, etwa die Schnitthöhe zu verstellen, was wir selbst nicht schaffen, ohne einen halben Nachmittag mehrere Fingernägel und mindestens einen Schraubenkopf zu ruinieren. Dabei können sie noch munter plaudern, sich über unser Werkzeug amüsieren und brauchen nicht ein einziges Mal in die Gebrauchsanweisung zu schauen. Die genausowenig wie wir selbst Begnadeten können einem dagegen die durch Gebrauchsanweisungsdeutsch, Zwergenzeichnung, störrische Schrauben, abrutschenden Schraubenzieher und verlegte Teile schwer strapazierten Nerven völlig ruinieren: wenn sie zum Beispiel behaupten, alles wäre ganz einfach, wenn man nur den Keilriemen von Teil B vor Anbringen der Schraube R schon mal entgegen der Gebrauchsanweisung lose anzubringen versuchte ... Und ähnliches mehr.

Ganz besonders geschlagen ist aber der arme Mensch, der bei seiner Neuerwerbung – wie es einem immer häufiger geschehen kann – eine Gebrauchsanweisung in englischer Sprache findet. Da hilft einem auch die beste Englischzensur in der Schule nichts. Oder würden Sie eine Schraubenmutter erkennen, wenn sie auf englisch daherkommt?

Auch Frauen können manchmal schweigen

Zweifellos braucht ein durchschnittlich gearteter Mensch sein tägliches Quantum wörtlicher Rede genauso notwendig wie Essen, Trinken und Schlaf. Manche Ehe krankt daran, daß der Mann sein Rede-Quantum schon tagsüber im Beruf loswerden kann, während seine Frau alles für den Abend aufspart. Denn das Reden mit Hunden, Kindern, Gemüsefrauen und Milchmännern erfüllt das weibliche Bedürfnis nach Unterhaltung nicht vollständig. Zu jeder fruchtbaren Unterhaltung gehören mindestens zwei, die bereit sind zu reden. Es genügt also nicht einer, der redet, und einer, der zuhört oder auch nicht zuhört – alle beide müssen gleichermaßen aktiv sein. Leider verbrauchen manche Leute diese Art von Aktivität tagsüber im harten Kampf ums Dasein.

Man kann sich über viele, viele Dinge unterhalten. Manche Dinge sollte man zwar besser auf sich beruhen lassen, andere gehen einen nichts an, und bei wieder anderen hat man hoch und heilig versprochen, nie ein Wort über sie verlauten zu lassen – aber merkwürdigerweise sind gerade diese drei genannten Gesprächsthemen für eine interessante Unterhaltung besonders geeignet. Hand aufs Herz: Wer von uns hätte wohl noch nie über Dinge geredet, die ihn nichts angehen, und wer hätte wohl noch nie unter dem Siegel der tiefsten Verschwiegenheit etwas besprochen, was man selbst unter dem Siegel tiefster Verschwiegenheit anvertraut bekam?

Es ist sehr bitter und verlangt viel Selbstverleugnung,

mit diskretem Schweigen an einer Unterhaltung über die mutmaßlichen Gründe von Herrn Hansemanns Stellungswechsel teilzunehmen, wenn man die wirklichen und sensationellen Gründe, mit denen man der Unterhaltung einen geradezu ungeheuren Auftrieb geben könnte, haargenau kennt. Auch brennt es einem auf der Zunge, wenn man – durch Schweigeversprechen gehemmt – anhören muß, was für ein fabelhafter und getreuer Ehemann Freund Peter ist, wo man doch seit Lilos Beichte nur allzu gut weiß, mit wie wenig Recht er einen so vorzüglichen Leumund sein eigen nennt.

Es ist im übrigen noch nicht ganz geklärt, ob man sein Schweigeversprechen auch dann schon bricht, wenn man sich darauf beschränkt, vielsagend zu lächeln. Es gibt Frauen, die verstehen es, so vielsagend zu lächeln, daß sie dadurch mehr Gerüchte in Umlauf setzen und Zweifel in die Welt säen können als eine Klatschbase mittlerer Qualität. Auch gibt es teuflische Formulierungen: „Dein Peter sagt ja wohl, er wäre auf Geschäftsreise ...“ läßt sofort den Verdacht aufkommen, daß die Fragerin Peter unter sehr ungeschäftlichen Umständen irgendwo angetroffen hat. Und dabei wird sie später immer steif und fest behaupten, sie habe nichts gesagt.

Es gibt Geheimnisse, die fest verschlossen ein Lebenlang im Herzen einiger weniger ruhen und schließlich, wie es so schön heißt, mit ins Grab sinken. Aber ein normales Feld-Wald-und-Wiesen-Geheimnis gewinnt erst dadurch an Wert, daß man es gegen ein anderes eintauscht. Natürlich unter dem Siegel tiefster Verschwiegenheit. Ich kenne eine Geschichte, die unter gar keinen Umständen ein Mensch erfahren durfte. Andererseits war sie aber so aufregend, daß die Betroffenen sie unmöglich für sich behalten konnten. So erfuhr ich sie gegen das Versprechen, sie nicht weiter zu berichten. Das tat ich auch fast gar nicht – nur einem einzigen Menschen tief im kanadischen Urwald öffnete ich eines Tages brieflich mein Herz. Aber das Undenkbare geschah. Von der kleinen Urwaldfarm wanderte die Geschichte – immer unter dem nachweislichen Siegel tiefster Verschwiegenheit – nach Vancouver, von dort nach Washington, von dort nach New York, von dort nach Hamburg und von Hamburg wieder zu mir. Nun erhob sich die sehr schwierige Frage: Kann ich all den Leuten böse sein, die doch Verschwiegenheit bis ins Grab gelobt hatten? Und kann dann diejenige, von der ich zuerst die Geschichte erzählt bekommen hatte, mir gram sein? Schließlich plauderte sie doch selbst zuallererst!

Leute, die in ein Geheimnis eingeweiht sind und die genau um dunkle Vorgänge Bescheid wissen, haben den Ahnungslosen etwas voraus; und sei es nur das wissende Lächeln, wenn etwa von Grünebaums Schwiegertochter die Rede ist, wo man doch genau weiß... Sie können auch viel mehr Takt an den Tag legen als die Uneingeweihten. Niemals wird es ihnen etwa passieren, daß sie im Hause Möller von italienischen Opernsängerinnen reden (... weil doch der Hausherr bekanntlich seinerzeit...) oder daß sie sich bei Rolfsens abschätzig über Schönheitsoperationen äußern (... da ja die Dame des Hauses erst kürzlich erfolglos...). So hat doch alles auch seine guten Seiten.

Übrigens möchte ich zur Beruhigung etwa Betroffener zum Schluß noch feststellen, daß ich vieles von dem, was man mir unter dem Siegel tiefster Verschwiegenheit anvertraut hat, auch wirklich getreulich gehütet habe. Es ist nämlich nicht wahr – obwohl es immer wieder leichtfertig behauptet wird –, daß nur Männer verschwiegen sein können. Frauen können es auch. Mindestens zuweilen.

Wie Schwiegermütter wirklich sind

Zuerst möchte ich von einer kleinen Szene berichten, die mitzuerleben ich neulich die Ehre hatte: Er lag auf der Seite und schlief friedlich mit geballten Fäusten und einem fast unhörbaren Schniefen beim Einatmen. Spuren geweinter Tränen konnte man noch auf seinen Wangen und dem Kopfkissen erkennen. Eine energische kleine Falte stand auf seiner Stirn. Sie beugte sich über ihn, betrachtete ihn unendlich liebevoll und sagte drohend: „Wenn ich mir vorstelle, da kommt irgend so eine gräßliche Ziege und macht ihn schrecklich unglücklich …" Er war am Tage dieses Geschehens sechs Wochen alt. Sie war seine Mutter. Und die gräßliche Ziege war die höchstwahrscheinlich noch ungeborene eventuelle spätere Schwiegertochter.

Ich könnte mir vorstellen, daß jede Mutter angesichts ihrer armen kleinen wehrlosen Babys irgendwann einmal von diesem Gefühl gepackt wird. Es ist, im Grunde genommen, ein gutes Gefühl: die Mama möchte ihren Kleinen oder ihre Kleine vor allem Kummer schützen. Nur schade, wenn man selbst der Gegenstand des Kummers sein soll, und sei es auch nur zukünftigen Kummers.

Es soll vorkommen, daß Mütter von jungen Mädchen manchmal finden, dieser oder jener Mann sei höchst geeignet, ihr Schwiegersohn zu werden – Mütter von jungen Männern werden das aus unerfindlichen Gründen nie ganz uneingeschränkt denken. Im Grunde gibt es überhaupt kein Mädchen auf der Welt, das schön und klug genug ist, dabei reich und anspruchslos, aus guter Familie, aber ohne Anhang und mit trotzdem sehr viel Familiensinn, von glänzendem Auftreten und der Fähigkeit, solide Erbsensuppe zu kochen. Ein Mädchen, das entzückend plaudert, aber nur den Mund öffnet, wenn es gefragt wird; das die Weisheit und Bescheidenheit des Alters hat und von taufrischer Jugend ist; das es versteht, mit Männern umzugehen, ohne jedoch mit einem je fünf Minuten allein gewesen zu sein; das sich mit atemberaubender Eleganz kleidet und alles aus billigen Zutaten selbst genäht hat. Außerdem soll sie sich natürlich ausschließlich dem Haushalt widmen, aber im Beruf erfolgreich sein. Wenn wir uns diese Forderungen vor Augen halten, können wir ermessen, wie sehr unsere Schwiegermütter durch uns enttäuscht gewesen sein mußten, und wir bewundern sie, weil sie es so tapfer tragen und trotz unserer Unzulänglichkeit noch so nett zu uns sind. Ganz ermessen können wir das natürlich erst, wenn unsere Söhne heiratsfähig werden.

Bekanntlich wissen Schwiegermütter alles besser. Dies ist eine Tatsache, mit der sich Schwiegertöchter abfinden sollten, um so mehr, als Schwiegermütter wirklich fast alles besser wissen, da sie den Beruf, den man selbst erst kurze Zeit ausübt, meist jahraus, jahrein ein Leben lang gelebt haben. Merkwürdigerweise ärgert es einen aber, wenn die Schwiegermutter etwa bemerkt: ,,Dein Pfannkuchenteig ist zu dünn..." oder ,,Alpenveilchen darf man nicht von oben gießen..." Die gleichen Belehrungen würde man von der eigenen Mutter, von Freundinnen oder Tanten dankbar annehmen. Es ist schwer zu sagen, warum es in diesem einen Fall eigentlich so ärgerlich ist. Vielleicht, weil man sich im Angesicht der Schwiegermutter so irrsinnig bemüht hat, trotz eines anstrengenden Arbeitstages im Büro daheim alles ganz fabelhaft richtig zu machen und mit dem Blumenflor auf der Fensterbank einen günstigen Eindruck zu hinterlassen. Statt dessen sieht man plötzlich wieder jene herrliche fehlerlose Gestalt auftauchen, der man nie, nie ähneln wird, und man bekommt ein Gefühl von Erbitterung und Mutlosigkeit. Es soll Schwiegermütter geben, die hin und wieder eine leise Erinnerung an ihre eigene Zeit als Schwiegertochter überkommt. In diesen Minuten innerer Einkehr bringen sie es fertig, den dünnen Pfannkuchenteig sinnend zu betrachten und sich jeder Äußerung zu enthalten. Es soll auch Schwiegertöchter geben, die für jeden praktischen Hinweis dankbar sind. Sie haben völlig recht.

Nun ist es nicht etwa so, als ob es mit Schwiegermüttern kein gemütliches Zusammenleben gäbe. Mancher Haushalt bräche völlig zusammen ohne die Schwiegermutter, die rastlos Hemden bügelt, Kindernäschen putzt, Marmelade kocht und Bettwäsche flickt, was anerkanntermaßen besonders notwendig und schwierig ist. Meist muß man zuerst in oft unerfreulichen Wochen, Monaten und Jahren herausfinden, wie sich das Zusammenleben am besten abspielen soll. Bei manchen geht es herrlich in der gleichen Wohnung; bei manchen ist es am besten, wenn eine mittellange Eisenbahnfahrt dazwischenliegt. Manche Schwiegertochter hat es am liebsten, wenn die Mutter ihres Mannes unformell von Zeit zu Zeit hereinschneit, manche will lieber Bescheid wissen, damit sie zuerst noch alles wegräumen kann, was merkwürdigerweise immer von neuem herumfliegt, ganz abgesehen von Silber, das geputzt werden muß, und dem Apfelkuchen, der zur Feier des Tages auf dem Tisch stehen soll.

Grob gesehen, gibt es zwei Typen von Schwiegermüttern: Die einen nehmen kein Blatt vor den Mund und werfen einem in aller Ruhe ziemlich harte Brocken an den Kopf; die andern sagen nicht viel, sind aber leicht zu verletzen und gehen – irgendeine Beleidigung tief im Herzen – gekränkt nach Hause. Empfindliche Schwiegermütter sind ein großes Problem. Bei ihnen ist es oft äußerst schwierig herauszufinden, was man eigentlich Böses getan hat. Auch hier gilt es, sich kennenzulernen und aneinander zu gewöhnen. Es ist wie bei den beiden Igeln, die erst lange hin und her rücken mußten, ehe sie die richtige Entfernung fanden, in der sie sich nur noch aneinander wärmten, sich aber nicht mehr stachen.

Bei allen diesen Schwierigkeiten ist die Rolle des Sohnes oder Ehemannes äußerst dubios. Man sollte wirklich nicht von ihm verlangen, daß er sich auf eine bestimmte Seite schlägt. Es ist auch das Letzte, wonach ihn verlangt. Wenn er sich aber zum erstenmal in Gegenwart seiner Mutter uns gegenüber gräßlich aufführt, und diese sagt teils entrüstet, teils tröstend: „Daran kannst du nichts machen, so konnte er schon als Junge sein…“, dann hat er Entscheidendes geleistet, um Mutter und Frau einander nahezubringen.

Kaufen Sie auch so gerne
im Ausland ein?

Wenn man in ein fremdes Land kommt, stellt sich nicht
nur die Aufgabe, dort die Tempel und Kirchen, die Rat-
häuser und Burgen, die Felsen und Meere zu betrachten –
nein, man muß unbedingt auch Marktforschung betreiben. Man muß herausfinden, was es in diesem Lande billiger gibt als daheim, ob hier etwas angefertigt wird, was
man überhaupt noch nie gesehen hat, und es gilt etwas zu
erstehen, das viel schicker ist, als man es zu Hause hat.

Rein theoretisch braucht die Reisende natürlich gar
nichts zu kaufen – es sei denn ein paar kleine Mitbringsel.
In der Praxis aber sieht es so aus, daß man fleißig um-
herschaut, wo man seine eingetauschten Francs oder
Schillinge, Lire oder Kronen am besten unterbringt.
Denn gekauft muß werden, wenn man auch bisweilen die
merkwürdigsten Sachen ersteht, nach denen man bisher
nie das geringste Verlangen verspürte. Aber gerade diese
Dinge waren eine Spezialität des fremden Ortes und hier
in großer Auswahl oder besonders billig zu haben. So
bringt man die herrlichsten Strohhüte heim, die man nie
tragen wird, Basttaschen, die zum Einkaufen zu klein sind,
aber sehr charakteristisch aussehen, mit besticktem Leder
umhüllte Flaschen, die nie irgendeinen Inhalt bekommen
werden, Taschentücher, die sich garantiert nicht kochen
lassen, Keramikesel und Trachtenpuppen, die nirgendwo
hinpassen, eine Hirtenflöte, der offensichtlich nur echte
Hirten (vielleicht aber auch die nicht?) Wohllaute entlok-
ken können, und Kuhglocken, zu denen man sich ganz
sicher nie das passende Rindvieh kaufen wird. Man kehrt

heim mit Filzstiefeln, ausgestopften Babykrokodilen, unbrauchbaren Messingkannen, fast echten antiken Ministatuen, Intarsiendosen, Satteldecken und Lavendelkissen. Und wenn man Glück hat, so verliert man nicht schon auf der Rückreise den Spaß an seinen Erwerbungen. Es hat nämlich Beispiele gegeben, wo man den wagenradgroßen Strohhut, die echte Eingeborenenlanze oder die antike Amphora schon beim Heimtransport herzlich leid wurde. Ganz zu schweigen von dem Landwein, der im Auto explodierte, dem Käse, der von Tag zu Tag strenger duftete, und dem Kopftuch, das im weiteren Umkreis auf alles lila abfärbte.

Die kundige Reisende kauft in Italien Seide, in England Silber, in Spanien Ledersachen und so weiter und so fort. Doch muß sie sich von vornherein von dem Gedanken frei machen, sie bekäme diese schönen Spezialitäten an Ort und Stelle geschenkt. Vielleicht sind sie besser oder billiger als zu Hause – manchmal aber muß man feststellen, daß offenbar die Einkäufer der großen Warenhäuser daheim auch in der Fremde herumreisen und sichtlich ein bißchen besser einzukaufen verstehen. Es ist erbitternd, etwa festzustellen, daß die echt marokkanischen Messingsachen nebst Pantöffelchen in genau der gleichen Ausfertigung im heimischen Teppichladen zu haben sind. Sogar noch ein paar Mark billiger als im orientalischen Bazar, wo man doch glaubte, nahezu perfekt gehandelt zu haben. Und den ganz besonders extravaganten französischen Ledergürtel findet man ein Vierteljahr später im Schaufenster seiner Stammboutique. Überhaupt, die eleganten und superfeinen Läden auf aller Welt! Da stellt man hinterher fest, daß der todschicke Pullover, den man in New York erstand, aus Wien stammt, daß man in London italienische Schuhe kaufte oder in Österreich ein Münchner Dirndl. Die große Welt ist eben überall zu Hause, und schließlich ist ein in Madrid gekauftes französisches Seidentuch ja darum nicht weniger schön.

Andere Leute kaufen natürlich viel besser ein als man

selbst. Sie treffen immer auf jenen legendären Antiquitätenhändler oder Juwelier, der nicht weiß, was er an Kostbarkeiten führt. Sie erstehen englische Silberleuchter und altes französisches Porzellan auf den dortigen Flohmärkten zu Spottpreisen. Sie spüren den einzigen Teppichhändler auf, der sich bereden läßt, herrlichste alte Stücke zu verschleudern. Und den winzigen Laden in Aberdeen oder Lyon, wo es angeblich immer die schönsten Schottenstoffe oder die besten Seiden als Ramsch zu kaufen gibt, den finden sie natürlich auch. Wenn man so hört, was andere Leute auf ihren Urlaubsreisen für eine glückliche Hand im Einkauf zeigen, kann man wirklich nur beschließen, das nächste Mal noch intensiver Marktfoschung zu betreiben, und sei es nur, um einmal im Leben selber als guter Kaufmann zu gelten. Und so wandert man in fremden Städten straßauf und straßab, prüft das Angebot und rechnet eine mehr oder weniger komplizierte Kopfrechnung nach der anderen. Manchmal gerät man mit den Nullen ein wenig durcheinander, manchmal begreift man in der fremden Sprache den Preis nicht richtig, so daß man am Ende etwas ratlos auf das Wechselgeld blickt, das man nach dem Kauf in die Hand gedrückt bekommt, und dabei das dumpfe Gefühl nicht los wird, dieses Geschäft sei irgendwie anders gelaufen, als man es geplant hatte. Aber eingekauft werden muß natürlich trotzdem.

Nebenbei möchte ich bemerken, daß nicht alle Männer diesen richtigen Grundsatz voll anerkennen. Ich erinnere mich, schon mit solchen zu tun gehabt zu haben, die mit ostentativ von den Auslagen abgewandtem Gesicht mißmutig den Marktforschungsbummel begleiteten. Es gibt auch welche, die kleinlich das materielle Endergebnis errechnen. Ganz zu schweigen von jenen beiden, die in einer der aufregendsten Einkaufsstraßen dieser Welt im Auto sitzen blieben, Zeitung lasen und ihren Damen von Straßenlaterne zu Straßenlaterne nachfuhren. Sie trugen selbst die Schuld daran, daß die ihnen von ihren Damen bei einem Gelegenheitskauf erworbenen Flanellhosen nicht paßten!

Der Stapel Taschentücher reist brav mit

Interessierte Heiterkeit erregte vor vielen Jahren die Ankündigung unserer Zeichenlehrerin, sie werde frei wie ein Vogel, nur mit einem Brotbeutel und einer Staffelei, vier Wochen durch Italien schweifen. Nun schweifen ja Vögel eigentlich nicht mit Brotbeutel und Staffelei umher – aber das war es nicht, was den Gegenstand unserer Überlegungen ausmachte. Vielmehr handelte es sich um den Inhalt des Brotbeutels, an dem herumgerätselt wurde. Ganz sicher waren als Bestandteile des Gepäcks nur Goethes Faust, ohne den die würdige Dame nach eigenen Angaben keinen Tag leben konnte, Veilchenpastillen, nach denen sie immer roch, und das notwendigste Waschzeug, was wir ihr doch nicht absprechen wollten. Aber die Frage, ob ein zweites Exemplar ihres rohseidenen Sommerkleides undefinierbarer Farbe und kunstgewerblichen Schnittes mitgeführt werden würde und ob wohl für ein Nachthemd oder einen Schlafanzug Platz im Brotbeutel sein würde, löste schon Diskussionen aus, da man nicht wußte, ob nicht statt dessen der wetterschutzbietende Regenhut, das lila Häkeltuch oder ein größerer Behälter für Schmuckstücke aus Kupfer, Silber und Eisen frühgermanischen Aussehens mitgeführt werden würde. Eines jedenfalls wurde bestimmt nicht mitgeführt: überflüssiges Gepäck, das nach der Reise in ungebrauchtem Zustand wieder ausgepackt werden konnte.

Gerade dies aber ist es, was unsere Koffer eigentlich Jahr für Jahr aus den Nähten platzen läßt, was Anlaß dafür ist, wenn außer den großen Gepäckstücken noch Taschen, Mäntel und Hüte mitgeführt werden. Gäbe es wirklich eine Möglichkeit, nur das mitzunehmen, was man wirklich braucht – ach, wieviel Luft würde es dann in den Koffern geben! Viele eingepackte Urlaubssachen bleiben, wie man jedes Jahr wieder von neuem erfährt, aus den allerverschiedensten Gründen unbenutzt, und – um den Packern Gerechtigkeit widerfahren zu lassen – nicht bei allen läßt sich das voraussehen. Manchmal handelt es sich um unvorhergesehene Glücksfälle: wie gern beispielsweise stellt man fest, daß man den Regenmantel oder den dicken Pullover völlig umsonst hat mitreisen lassen, daß die Ohrentropfen, das Sonnenbrandmittel und die Hexenschuß-Salbe nicht in Aktion zu treten brauchten und daß auch das Mückenschutzmittel nicht vonnöten war. Natürlich weiß man ganz genau und würde es notfalls gern beschwören, daß mit ziemlicher Sicherheit Regen, Kälte, Mücken, Ohrenschmerzen und Sonnenbrand die ständigen Begleiter unseres Urlaubs gewesen wären, hätte man leichtfertig ohne Waffen gegen diese so oft auftretenden Unbilden die Reise angetreten. Andere Sachen packt man unverdrossen von Jahr zu Jahr wieder ein nach dem Motto: „Man kann nie wissen"; als da sind: das ganz feine Kleid für den Fall, daß man einmal groß ausgeht; ein Paar weißer Handschuhe, damit man als Dame von Welt auftreten kann; die kleine rote Handtasche, damit man etwas zum Abwechseln hat; und den großen Sonnenhut, der dann doch immer zugunsten von Kopftüchern hinten im Auto liegenbleibt. Von anderen Requisiten nimmt man nach einem unerforschten Gesetz immer ein Exemplar zuviel mit, das man dann alljährlich beim Auspacken zwar leicht angeknautscht, aber sonst unberührt mit dem Vorsatz in den Schrank hängt, im nächsten Jahr sich aber wirklich Beschränkung aufzuerlegen. Ein Kleid, ein Pullover und natürlich auch die Hosen, die nicht ganz so toll sitzen, die man aber auf alle Fälle doch mitgenommen hat, und die blauen Schuhe haben eine schöne Reise gemacht, von der man nicht eigentlich behaupten kann, daß es für sie eine Dienstreise war. Und der Stapel Taschentücher reist auch immer brav mit, weil man von klein auf gelernt hat, daß ein ordentlicher Mensch nicht ohne einen Stapel reiner Taschentücher in der Welt umhergondelt. Brauchen tut man sie nur höchst selten, wenn man gerade einmal das Pech hat, sich zu erkälten.

Zuweilen aber liegt es auch daran, daß man es versäumte, wichtiges Zubehör einzupacken, wenn ein Teil den ganzen Urlaub ungenutzt im Koffer bleiben muß. Es kann wirklich sehr verbitternd sein, wenn man gerade vom allerschicksten Sommerkleid den Gürtel zu Hause hängen ließ, wenn vom Bikini die wichtigste Hälfte fehlt, wenn man die Manschettenknöpfe für die geblümte Hemdbluse nicht bei sich hat oder die einzig mögliche Untergewandung für den grobmaschigen Häkelpullover.

Auch das zur Unterhaltung oder auch zur Bildung mitgeführte Gut erweist sich oft als zu reichhaltig: Reiseschach und Spielkarten, Aquarellfarben und Strickzeug, Springseil und Federball werden nur allzuoft in gewissermaßen jungfräulichem Zustand wieder ausgepackt – ganz zu schweigen von der anspruchsvollen Lektüre, zu der man endlich einmal im Urlaub Ruhe und Konzentration zu finden glaubte. Und hin und wieder soll es sogar einmal vorkommen, daß selbst der Fotoapparat ungenutzt durch die Lande transportiert wurde. Unser Exemplar hat eine Amerikareise aufzuweisen, bei der er noch nicht einmal einen Film bekam, geschweige denn in Aktion treten mußte. Aber hätten wir ihn nicht mitgenommen – ewig würden wir bedauern, daß es uns nicht möglich war, von dieser herrlichen Reise Bilder zu machen, weil wir keinen Fotoapparat mit hatten. So haben wir uns nichts vorzuwerfen.

Lauter faule Ausreden!

Schon in der Schule wird eine harte Seite des Lebens offenbar: Nicht immer findet der Mensch, der im Bewußtsein seiner vollen Unschuld die Wahrheit sagt, bei der Umwelt den rechten Glauben. Kommt es nicht wirklich zuweilen vor, daß eine Uhr nicht die richtige Zeit anzeigt? Und kann sich dies nicht für einen Ahnungslosen, der sich nach ihr richtet, verhängnisvoll auswirken, wenn es um Minuten geht – beispielsweise beim sowieso stets zu frühen Schulanfang? Kommt man aber zu spät in der Schule angehetzt mit den zweifellos sehr gut wahr sein könnenden Worten: „Unsere Uhr ging nach!", so stößt man als wehrloser Schüler auf schlecht oder gar nicht verhohlenen Unglauben. Genauso geht es mit der sehr wahrscheinlichen Behauptung: „Meine Mutter hat verschlafen und mich zu spät geweckt!" Lehrer und Lehrerinnen haben – wohl von den Lesebüchern ihrer Jugend beeinflußt – ganz bestimmte Vorstellungen von Müttern: Mutter wäscht, Mutter bügelt, Mutter schafft unermüdlich, Mutter legt selten die verarbeiteten Hände in den Schoß, aber verschlafen, nein, das tut Mutter nicht, und der zu spät kommende Schüler hat wenig Chancen mit solchen Behauptungen. Man muß sich also etwas anderes ausdenken, nach Möglichkeit etwas, was seit Bestehen der Schule noch nie als Ausrede für Verspätungen vorgekommen ist. Großen Erfolg hatte ich beispielsweise mit einem Sprengwagen, der zu dicht an mir vorbeifuhr und die Ursache dafür war, daß ich noch einmal nach Hause mußte, um mich trocken anzuziehen. Aus ganz normalen und deshalb ungern geglaubten Straßenbahnverspätungen wurden in meinen Entschuldigungen spannende Ereignisse des Straßenverkehrs, und aus dem morgendlichen Gang zum Krämer, weil die Butter ausgegangen war, wurde ein rasender Lauf zur Apotheke für eine plötzlich schwererkrankte, arme, alte Nachbarin.

Im späteren Leben verhält sich die Sache nicht viel anders. Wer traut sich schon mit der durchaus möglichen Behauptung, er habe sich auf der Rückreise vom Urlaub den Magen ganz gräßlich verdorben, einen Tag zu spät wieder ins Büro? Eine Darmgrippe mit zweiundvierzig Grad Fieber, von der selbst der alte erfahrene Arzt sagte, so eine Darmgrippe sei ihm in den vierzig Jahren seiner Praxis noch nicht begegnet, muß her! Und aus der Tatsache, daß man in der Kolonne der vielen heimströmenden Urlauber nur langsam vorankam, wird eine Verstopfung der Autobahn von Basel bis Frankfurt.

Aber nicht nur wird, wie in der Schule, die Phantasie aus Angst und Respekt zum Erfinden fabelhafter Ausreden beflügelt: auch aus reiner Nettigkeit läßt man sich zuweilen etwas einfallen. So kann man doch unmöglich wiederholen, daß der Ehemann auf eine Einladung hin sehr bestimmt äußerte: „Zu diesen langweiligen Menschen bringen mich keine zehn Pferde, die können ihren sauren Wein und ihre alten Salzstangen allein vertilgen..." Also erfindet man überraschende Besuche aus Amerika, kranke Hunde, denen man die Pfote halten muß, wichtige dienstliche Besprechungen mit Ministern und Wirtschaftskapitänen und interessante Leiden. Natürlich keine Kopfschmerzen! Kopfschmerzen gibt es zu häufig, deshalb glaubt sie keiner. Es klingt wie „keine Lust", weswegen man sich tunlichst etwas anderes ausdenken sollte, wenn man wirklich Kopfschmerzen hat.

Man braucht natürlich auch Ausreden, um seine mannigfaltigen Unzulänglichkeiten vor der Welt verborgen zu halten. Der gesellschaftliche Anstand verlangt – dem

Himmel sei Dank –, daß man dem andern jede Ausrede glaubt. Übrigens haben viele Hausfrauen alter und dem Himmel sei Dank veralteter Schule einen besonders stark entwickelten Sinn für ihren Ruf als Hausfrau und erfinden in der Geschwindigkeit wundervolle Begründungen dafür, warum etwa – wenn es das Unglück will und man platzt morgens um acht bei ihnen hinein – die Wohnung noch nicht im vollen Glanz erstrahlt, die Kinder keine Bügelfalten in den Kordhosen haben, auf dem Küchentisch schmutziges Geschirr und im Flur ein Besen zu erblicken ist. Sie versuchen sogar, eine andere Hausfrau, in deren Wohnung es natürlich zur Zeit ganz ähnlich aussieht, davon zu überzeugen, daß ausgerechnet gerade heute... usw. usw. Manche Ausreden werden zur lieben Gewohnheit, wenn man nicht ein bißchen auf sich aufpaßt: die Laufmasche, die „wo? ach, da!" immer unterwegs gekommen ist, der Gang zum Friseur, der immer morgen stattfinden soll, und das Buch, das man sich schon seit Wochen extra da und da hingelegt hat und doch immer wieder zurückzugeben vergißt. Die allerfaulste Ausrede ist übrigens die: „Ich wollte das ganz bestimmt erledigen, aber ich bin einfach nicht dazu gekommen!" Natürlich ist das auch zugleich die einzige Ausrede, die nahezu immer stimmt.

P.S. Die Ausreden, die er ihr gegenüber und sie ihm gegenüber zu gebrauchen pflegt, wurden hier nicht behandelt. Das ist ein wichtiges, umfangreiches Kapitel für sich.

Ich bin überhaupt nicht abergläubisch!

Als moderner Mensch hat man sich natürlich von jeder Art Aberglauben längst frei gemacht. Man kauft zwar manch undefinierbares Gemisch, um sich jung und schön zu erhalten, aber nie und nimmer würde man in der Apotheke ein Mittel verlangen, nach dessen Genuß (oder Anwendung) der mehr als gleichgültige Herr Schönewald in heißer Liebe entbrennen soll. Man glaubt auch nicht, daß die böse Nachbarin sich nachts auf den Besen schwingt (den sie tagsüber nachgewiesenermaßen so gut wie nie braucht) und zum Blocksberg reitet, eigens zu dem Zweck, um unserm Hund oder Wellensittich eine Krankheit anzuhexen oder um unsere Balkonblumen verdorren zu lassen. Und das Vaterunser rückwärts, was das A und O jeder soliden Zauberei sein soll, beherrscht meines Wissens keiner meiner Bekannten. Also: man ist sehr vernünftig und aufgeklärt.

Nur vielleicht ganz früher – gewissermaßen als der Geist noch kindisch und unentwickelt war – zeigte man gewisse Neigungen zu abergläubischem Verhalten. Sicher haben Sie auch mal auf dem ganzen langen Schulweg keine Rille zwischen zwei Trottoirsteinen betreten, um damit den günstigen Ausgang einer nur noch durch unirdische Mächte zu rettenden Arbeit zu bewirken. Erinnern Sie sich nicht mehr der tiefen Hoffnungslosigkeit, wenn Sie dann doch in einem Augenblick der Unaufmerksamkeit auf den Strich traten? Haben Sie nie das Opfer einer in die Kanalisation geworfenen Glasmurmel gebracht, um zu verhindern, daß man Sie fragen würde, wo Onkel Wilhelms gezählte Spalierpfirsiche abgeblieben seien?

Ich habe es sogar im Alter von sechzehn Jahren mit Tischrücken versucht, um in die Zukunft zu sehen. Auf die Gefahr hin, mich lächerlich zu machen, behaupte ich heute noch steif und fest, daß der Tisch wirklich gerückt ist. Nur erwies sich der innewohnende Geist als bedauerlich uninformiert. So prophezeite er beispielsweise meiner Cousine außerordentlich deutlich, sie bliebe zu Ostern nicht sitzen. Leider war die Prophezeiung ihres Klassenlehrers zuverlässiger. Und die glückliche Ehe mit dem damals von mir im Herzen gehegten Jüngling fand bislang auch nicht statt, obwohl aus dieser Verbindung nicht weniger als sieben Töchter hervorgehen sollten. (Sehr zum Jubel der anderen Tischrücker, deren zukünftige Nachkommenschaft sich in bescheideneren Grenzen hielt.)

Aber das waren Kindertorheiten, über die man längst hinaus ist. Die Frau von heute steht mit beiden Beinen fest auf der Erde und läßt sich nicht durch irgendwelchen Aberglauben von ihrem Weg abbringen. Trotzdem hat sie es natürlich nicht gern, wenn über eben jenen Weg eine schwarze Katze läuft – denn jedes Kind weiß, daß das nichts Gutes bedeutet. Da sind Schäfchen zur Linken an besagtem Weg viel besser. Und – Hand aufs Herz – wer bringt es wirklich fertig, ein zufällig gefundenes Glückskleeblatt nicht abzupflücken oder gar wegzuwerfen? Übrigens müßte hier einmal eine merkwürdige Erscheinung überprüft werden: obwohl kein Mensch Glückskleeblätter wegwirft, verschwinden sie doch auf sonderbare Weise. Ich habe bestimmt schon einige Dutzend gefunden und besitze doch zur Zeit kein einziges mehr.

Andere Erscheinungen, die überhebliche Menschen vielleicht für Aberglauben halten, sind allerdings erprobte Weisheiten. Viele Menschen schwören darauf, daß etwa die Bemerkung: „Ich habe lange keinen Schnupfen (Autounfall, Streit, Rheumatismus, verregneten Urlaub usw.) gehabt..." prompt einen Schnupfen (Autounfall, Streit,

Rheumatismus, verregneten Urlaub usw.) nach sich zieht. Man kann nach solchen unvorsichtigen Bemerkungen allenfalls noch dreimal auf Holz klopfen, um das Unheil abzuwenden. Als wir in der Schule „Er stand auf seines Daches Zinnen…" lernten, wurde uns genau diese Erscheinung klargemacht, die der Deutschlehrer und die alten Griechen für den Neid der Götter hielten. Hätte Polykrates an Holz geklopft… hätten wir ihn vielleicht nicht zu lernen brauchen.

Auch andere Behauptungen sind Tatsachen und kein Aberglaube. Verschüttetes Salz z. B. bedeutet unweigerlich Streit. Da nichts darüber ausgesagt ist, wann nach der Verschüttung dieser Streit stattfindet, kann man sich bombensicher darauf verlassen: irgendwann gibt es immer Streit! (Oder bei Ihnen nicht?) Auch der zukünftige Kuß, der als Schaum auf die Kaffeeoberfläche herumsegelt – irgendwann wird man ihn schon bekommen! Und wenn die Prophezeiungen des als besonders sicher bekannten Bleigießens zu Silvester nicht eintreffen, so kann es nur daran liegen, daß man die bizarren Formen nicht richtig gedeutet hat. Ähnlich geht es übrigens mit den Träumen, die man während der ersten Nacht in einem neuen Bett träumt: manchmal träumt man etwas Hübsches, und das geht dann unweigerlich in Erfüllung. (Hoffentlich.) Auf alle Fälle ist es besser, als wenn man etwas Häßliches träumt. Hiervon nehme ich ausdrücklich Läuse und Flöhe aus, von denen seit jeher bekannt ist, daß sie – im Traum gesehen – Reichtum ankündigen. Aber vielleicht ist dies tatsächlich nur ein Aberglaube, denn leider kann ich hier nicht aus Erfahrung sprechen: ich habe noch nie von Läusen und Flöhen geträumt. Doch auch diese Tatsache könnte zu denken geben!

Tausend gute Tips für die Hausfrau

Wenn man sich auch im allgemeinen im Laufe der Jahre trotz aller Anforderungen des Berufes für eine ganz leidliche Hausfrau hält, so überkommen einen doch zuweilen gelinde Zweifel am eigenen Können, wenn man in den Zeitschriften die einschlägigen Seiten liest. Warum nur prangt unser Sonntagsbraten mit Beilagen, unsere Bouillon mit Petersilie und unsere Erdbeertorte nie in jenen herrlichen, satten Farben wie auf den Farbfotos? Warum decken wir unseren täglichen Frühstückstisch bloß nie in einer Harmonie von blauem Geschirr, Servietten, Blümelein, Tapeten und Vorhängen, wobei wir noch die Wirkung dadurch steigern, daß wir die Sitzkissen passend zum Orangensaft wählen? Warum kaufen wir nicht ein halbes Schwein, das wir aus Sparsamkeit persönlich zerteilen, pökeln, verwursten, einwecken und zum Räuchern herrichten? Warum beziehen wir nicht unseren Sessel nach der höchst einleuchtenden Anleitung selbst? Und eigentlich ist es ja auch sehr genierlich, daß wir die edle Kunst japanischer Blumensteckerei immer noch nicht erlernt haben, sondern die Blumen wie eh und je in die Vasen stellen.

Außerdem leben wir natürlich viel zu üppig und verschwenden auf die unziemlichste Art und Weise. Beschämt müssen wir lesen, daß es beispielsweise eine Methode gibt, wie man durchlöcherte Daumen an gestrickten Handschuhen durch neue ersetzen kann, während man doch bisher solche Handschuhe bestenfalls zum Schuhpolieren weiterverwendet hat. Auch haben wir in unserem

84

Haushalt weder rostige Nägel entrostet, noch zu klein geworden Mützen vergrößert, noch unmoderne Nylonstrümpfe umgefärbt. Und das Tischtuch, das auf den früheren Tisch paßte und für den jetzigen zu klein ist, liegt seit längerer Zeit ungenutzt im Schrank, während es doch durch Ansetzen neuer Teile vermittels einer Ziernaht, mit bunter Borte oder kaschierender Blümenchenstickerei wieder betriebsfähig wäre. Man wagt es fast nicht einzugestehen, daß man bisher noch nie darüber nachgedacht hat, wie man angeschnittene Zwiebeln frisch halten und das vitaminhaltige Spinatwasser weiterverwenden kann. Noch nicht einmal Eier haben wir eingelegt in den Wochen, wo sie am billigsten waren, sondern in sinnloser Verschwendung das ganze Jahr hindurch frische gekauft.

Darüber hinaus ist unser Haushalt auch bemerkenswert schlecht ausgerüstet. Viele Dinge haben wir einfach auf Anhieb nicht im Hause. Weder ausgekochte Leinenbinden noch Thymiantee liegen im Schrank, und auch Sojamehl, Safran, Natron und Zitronensäure sind garantiert nicht vorrätig. Besonders schlimm kommt einem die mangelhafte Haushaltsführung ins Bewußtsein, wenn man liest, auf welche Weise tüchtige Hausfrauen Flecken aus ihren Gewändern und Schuhen beseitigen. Offensichtlich besitzen sie ein kleines Laboratorium, in dem Waschbenzin, Kleie, Tetrachlorkohlenstoff (oder so ähnlich), Borax, mildes Fleckenwasser, Kartoffelmehl, Talkumpuder, doppelt dickes Löschpapier und andere Ingredienzien, die ich leider immer wieder von Fall zu Fall vergesse, bereitstehen. Mutig rücken sie den schlimmsten Flecken zu Leibe, und der verschwenderische Gedanke, das gute Stück in die Reinigung zu geben, ist offensichtlich unter ihrer Würde. Sicher sind sie auch viel geschickter als ich. Wenn ich etwa an den Erfolg meines Versuches, nach einer solchen Anleitung meine Wildlederjacke selbst zu reinigen, denke, muß ich das jedenfalls annehmen. Zwar war die Jacke wirklich sehr viel sauberer geworden, aber da der Sauberkeitsgrad an allen Stellen sehr verschieden ausfiel, war die Gesamtwirkung eher merkwürdig und die spätere Leopardenmustermode vorausahnend. Nur in der Beseitigung von Fettflecken aus Wildlederschuhen bin ich nicht unterlegen. Anstatt nach der angegebenen Methode zu verfahren, betupfe ich nämlich den gesamten Schuh ganz zart mit Fett, woraufhin er zwar im Ganzen einen Schatten dunkler, aber doch wieder fleckenlos wird.

Wirklich gute Hausfrauen sticken sich auch offensichtlich die entzückendsten Schürzen mit passenden Kopftüchern, und selbst ihre Wischtücher sind eine Augenweide. Und blickt man gar auf das Farbfoto ihrer geöffneten Schränke, so wird man sich erst recht seiner eigenen Unzulänglichkeit bewußt: die Wäsche ist militärisch gestapelt und mit reizenden Bändchen versehen, die mit der geblümten Tapete harmonieren, die selbstverständlich diesen Schrank von innen ziert. Auch der geöffnete Küchenschrank ist hübsch anzusehen mit gestickten Volants, die die Regale schmücken. Das Geschirr paßt zu den Tomaten oben auf dem Schrank, und alles das, was bei uns den Ästheten stören könnte, gibt es hier nicht: weder den Stapel Blumentopfuntertassen, der hier übersommert, noch die henkellose Tasse zum Mehl anrühren oder das Marmeladenglas mit Rabattmärkchen, Bleistiften und Gummibändern. Auch der Besenschrank ist genußreich von innen anzusehen – alles hängt und steht in Reih und Glied, keine Tube ist angebraucht und kein Putzlappen zusammengeknautscht. Und selbstverständlich prangen auch alle Stiele in leuchtendem Rot oder Himmelblau. Nie würde ein Mensch auf den Gedanken kommen, unseren Besenschrank in Farbe abbilden zu wollen!

So bleibt einem nur noch nach dieser Lektüre die Möglichkeit, in rechter Erkenntnis der eigenen Unzulänglichkeiten nach Verbesserungen zu streben. Aber eins möchte ich in aller Bescheidenheit ausnehmen: der Ratschlag, eine angeschnittene Zwiebel dadurch frisch zu halten, daß man die Schnittfläche dick mit Butter bestreicht, scheint mir denn doch übertrieben zu sein!

Haben Sie auch am Wasser gebaut?

Früher besaßen auch die Männer einen Busen, wie aus Goethes und Schillers Werken sattsam bekannt ist. In diesem Busen trugen sie, bis auf wenige unangenehme Ausnahmen, kein steinernes Herz, was man unter anderem daran merkte, daß sie hin und wieder aus Herzensgrunde weinten. Gefühlvolle Jünglinge zerflossen am Halse ihres Freundes – natürlich eines Busenfreundes – in Tränen; sie vergossen reichliche Zähren zu Füßen ihrer Angebeteten und gaben sich der Wonne echten Schmerzes hin, während eherne Männer zum mindesten bei passenden Gelegenheiten eine Träne im Auge zerdrückten oder sich mit dem Schnupftuch über das Gesicht fuhren. Sie weinten nicht nur vor Kummer und Wut, was es auch heute noch geben soll, sondern ebenso gern vor Liebe, vor Wonne, vor Sehnsucht und vor übermächtigem Gefühl. Der moderne Mann weint möglichst nicht mehr.

Es ist schwer zu sagen, ob das der Welt zum Vorteil oder zum Nachteil gereicht, zum mindesten gibt es Ärzte, die behaupten, daß das Nichtweinen außerordentlich gesundheitsschädlich sein soll. In diesem Falle achten wir Frauen wie in vielen anderen Fällen besser als die Männer auf unsere Gesundheit: wir dürfen nämlich weinen, und wir tun es auch. Genauso, wie es unmännlich ist zu weinen, ist es unweiblich, nicht zu weinen.

Obgleich die Männer das spezifisch Weibliche zu schätzen wissen, so lieben sie es doch nicht in seiner Gesamtheit. Weibliche Tränen beispielsweise sind ganz entschieden ausgeklammert. Im Grunde genommen möchte jeder Mann am allerliebsten bei ihrem Anblick Reißaus nehmen. Nur wahre Liebe oder echtes Mitleid, aber auch Furcht vor unabsehbaren Szenen oder nur der gute Ton in allen Lebenslagen hält ihn am Platze. Abgesehen davon, daß Tränen häufig Verlegenheit oder gar Schuldbewußtsein hervorrufen, Gefühle, von denen niemand gern beseelt wird, ist es auch ein weitverbreiteter Irrtum von Malern und Filmregisseuren, daß weinende Frauen ein Labsal für schönheitsdurstige Männeraugen sein können. Nur Filmstars und auf Leinwand gemalte Weiblichkeiten bringen es fertig, eine kristallklare Träne wirkungsvoll über die marmorbleiche Wange rinnen zu lassen, bei mehr durchschnittlichen Damen sieht die Sache ganz anders aus. Auch die weibliche Stimme leidet sehr bei Tränenausbrüchen. Unter heftigem Schluchzen hervorgebrachte Argumente wirken zwar sehr eindrucksvoll, aber selten wohllautend. Daß trotzdem so viele Männer in der gewünschten Weise auf weibliches Weinen reagieren, beweist, daß sie auch heute noch kein steinernes Herz im Busen tragen – oder daß sie Ruhe und Frieden über alles lieben.

Je jünger man ist, desto schneller erholt man sich äußerlich und innerlich von einem großen Schmerzensausbruch. Mittelalterliche Damen, denen ihre Schönheit über alles geht, verbieten sich deshalb energisch das Weinen. Backfische dagegen weinen oft und gern wie eh und je, obwohl sie jetzt Teenager heißen. Da es tagsüber nicht immer angebracht ist, weinen sie mit Vorliebe abends im Bett. Bis dahin heben sie sich alle Traurigkeit über die Verständnislosigkeit der Welt im allgemeinen und die ihrer Eltern, Lehrer und sonstigen Mitmenschen im besonderen auf. Besonders herzhaft kann man im Alter von fünfzehn Jahren im Gedanken an seinen eigenen Tod und den Schmerz und die Reue der andern bei diesem Anlaß weinen.

So schrecklich es sein kann, aus wirklichem Kummer Tränen zu vergießen, so genußreich kann es sein, völlig fremden Schmerz zu beweinen. Ein junges Mädchen meiner Bekanntschaft las dreimal hintereinander den Schluß von „Vom Winde verweht" und warf sich jedesmal hinterher wild aufschluchzend auf sein Bett. Das ist natürlich ein extremer Fall. Aber erklärt sich nicht etwa die Beliebtheit mancher Opern dadurch, daß es in ihnen Stellen gibt, bei denen man so herrlich weinen kann? Genießt man es nicht im Kino, wenn es so sterbenstraurig oder zu Herzen gehend rührend wirkt, daß man im Dunkel nach seinem Taschentuch suchen muß? Leider ist es sehr ernüchternd, wenn man sich, nachdem das Licht wieder angegangen ist, lauter schnüffelnden und naseputzenden Zeitgenossinnen gegenüber sieht. Wirklich fürsorgliche frauenfreundliche Regisseure sollten deshalb tunlichst die ganz ergreifenden Stellen in die Mitte des Films verlegen. Auch über Büchern und bei Musik kann man genußreich weinen, und es ist ein Zeichen endgültigen Erwachsenseins, wenn man seine alten ergreifenden Lieblingsstellen vorlesen kann, ohne sich zum mindesten räuspern zu müssen. Gott sei Dank aber werden die meisten Menschen nie völlig erwachsen.

„Und ihre Tränen fließen, wie's Bächlein auf der Wiesen …", heißt es von jenen uns seit frühester Kindheit bekannten Struwelpeterkatzen, deren Tränen sich wahrlich und wahrhaftig zu einem kleinen blauen Gewässer vereinigen. Vor solchen extremen Ausbrüchen sollte man sich in jedem Fall hüten, da sie sicher den schönsten Teint ruinieren und den geduldigsten Mann aus dem Hause treiben. Doch in einer Beziehung sollten uns Minz und Maunz zum Vorbild gereichen: alle beide hatten nämlich – Sie erinnern sich hoffentlich noch? – ein Taschentuch bei sich, als sie solcherart weinten. Und wer hätte das schon immer?

Wer hat Angst vorm bösen Mann?

Es gibt ganz verschiedene Sorten böser Männer: Die einen betragen sich gewissenlos gegenüber unschuldigen Mädchen, die andern verprügeln ihre braven Frauen, wieder andere schießen auf Nachbars Hund und vergiften Untermieters Katze oder sind die unausstehlichsten Chefs der Welt – dann gibt es noch Einbrecher und Verkehrsrowdys, unbarmherzige Polizisten und unverbindliche Beamte und nicht zuletzt – zum mindesten in den Augen unterdrückter Halbwüchsiger – allzu gestrenge Väter. Dies alles aber ist nicht gemeint, wenn vom bösen Mann schlechthin die Rede ist. Der böse Mann schlechthin ist uns von klein auf vertraut – er ist die Verkörperung unserer mehr oder weniger großen Angst vor allem, was fremd, dunkel oder einsam ist.

Hand aufs Herz! Gibt es nicht durchaus erwachsene Frauen, die sich ihr Leben lang immer ein bißchen unbehaglich fühlen, wenn sie in einen Keller gehen müssen? Denn ganz bestimmt halten sich die bösen Männer offensichtlich mit einer gewissen Vorliebe im Keller auf. Es ist nicht ganz geklärt, was sie sich da eigentlich zu schaffen machen sollen – gäbe es doch oben im Haus für finstere Machenschaften viel lohnendere Objekte als Marmeladengläser, abgestellte Sonnenschirme, leere Weinflaschen und alte Zeitungen. Als Kind hat man nicht recht darüber nachgedacht. Je verkommener ein Keller war, desto mehr schien er als möglicher Aufenthaltsort böser Männer geeignet. Und wenn noch etwas mit dem Licht nicht in Ordnung war, dann hatte man das Gefühl, daß sie sich nun erst recht hier gemütlich fühlen würden. Eine herrliche Empfindung, wenn man erst wieder oben war, obwohl man sich nicht getraut hatte, hinter die offenstehende Kohlenkellertür zu schauen! Oben war man völlig sicher, denn merkwürdigerweise gehört es nicht zu den Gepflogenheiten dieser entsetzlichen Individuen, die Verfolgung aufzunehmen. Sie bleiben hinter der Kohlenkellertür stehen, bis ein neues Opfer kommt. Wenn es sie überhaupt gibt. Leider aber weiß man sein ganzes Leben lang nie genau, ob es sie nicht doch gibt. Denn wenn sie auch nie in unserm Keller waren – zuweilen stehen sie wahrhaftig als Besucher anderer Keller in der Zeitung.

Nachts, wenn einsame Frauen in ihrem Bett liegen und nicht schlafen können, dann haben sie zuweilen das unangenehme Gefühl, daß böse Männer ihr Unwesen nun über das ganze Haus ausdehnen. Sie benehmen sich völlig anders, als man es von einem vernünftigen Einbrecher erwarten würde: Sie schleichen nur stundenlang herum und verursachen unheimliche Geräusche – Knarren der Treppe, Tapsen auf dem Parkett, Bewegen der Vorhänge und Kratzen an der Haustür, kurzum alles das, was man peinlich vermeiden würde, wäre man selbst Einbrecher. Das aber macht man sich nicht klar, wenn man sich als beste Abwehrhandlung die Decke über die Ohren zieht und sich tot stellt. Es soll übrigens heldenmütige Menschen geben, die ins Dunkle „Wer ist da?" rufen. Entsetzliche Vorstellung, eine rauhe Stimme antworten zu hören: „Gestatten, Brillantenwilli, breche gerade bei Ihnen ein!" Was dann?

Übrigens fürchten sich nicht alle Leute in allen Häusern gleich. Selbst die ganz Ängstlichen graulen sich bei sich zu Hause etwas weniger, und obwohl theoretisch in supermoderne Bungalows mit Riesenfenstern sicher leichter einzusteigen ist, treiben doch offensichtlich böse Männer am liebsten in verwinkelten Altbauten mit lauter vergitterten Fensterchen ihr Unwesen. Ganz augenscheinlich aber sind sie sehr feige und schleichen nur Einsame an: Liegt im Nebenbett ein friedlich schlafender Mensch, so hat alles Knarren, Kratzen und Schlurfen natürliche Ursachen, und schon als Kind fand man den Gang in den Keller oder auf den lichtlosen Speicher völlig ungefährlich, trat man ihn in Gemeinschaft an.

Nächtliche Wege haben zuweilen auch etwas Unheimliches an sich. Ich erinnere mich an einen einsamen Gang durch einen riesigen dunklen Park, nachdem ich gerade im Kino gesehen hatte, wie ein Toter sich mit total verdrehten Augen in der Badewanne aufrichtete. Wenn auch die Wahrscheinlichkeit gering war, daß dieser Tote im Park sein konnte, so habe ich mich doch ganz gewiß schrecklich vor ihm gefürchtet. Böse Männer gehen einem auf dunklen Straßen und Anlagen entweder nach oder kommen einem entgegen. Manchmal stehen sie auch irgendwo und warten. Kurzum, sie tun genau das, was ganz harmlose Männer auch tun würden. Und weil man sie so schwer voneinander unterscheiden kann, versetzt einen manch harmloser Bürger, der abends hinter uns nach Hause eilt, ganz ungewollt in Schrecken. Übrigens fürchten sich manche auch auf nächtlicher Straße oder im abendlichen Park nicht vor irgendwelchen Leuten, sondern sie ängstigen sich gerade, weil weit und breit keine Menschenseele zu sehen ist. Auch das kann sehr unheimlich sein.

Und das allerschlimmste ist: Selbst der tapferste Mensch, der die Existenz böser Männer im Keller und im nächtlichen Treppenhaus hohnlachend in Zweifel zieht, muß zugeben, daß es nachts auf einsamen Straßen, in dunklen Parks und unbeleuchteten Anlagen wirklich böse Männer gibt. Er täte also gut daran, uns nicht allein gehen zu lassen, sondern uns möglichst oft heimzubegleiten.

Du kannst ja schon mal den Tisch decken!

„Und...", so sprach die leidgeprüfte Schwiegermutter, „als ich morgens überraschend hineinschaute, standen da die Tassen ohne Untertassen auf dem Frühstückstisch...!" Abgesehen davon, daß sie besser nicht überraschend hineingesehen hätte, muß man Mitleid mit ihrem Unbehagen haben: Eine Frau, die den Frühstückstisch mit farblich aufeinander abgestimmten Tassen, Servietten und Blumen zu decken pflegt, leidet beim Anblick von untertellerlosen Tassen, schief hingeworfenen Messern und Aufschnitt ohne Gabel – zumal, wenn der Haushaltungsvorstand dieses großzügig geführten Haushaltes ihr einziger Sohn ist und wenn die Dame des Hauses sich sowieso nicht ihres uneingeschränkten Wohlwollens erfreut. Aber abgesehen von diesem krassen Fall – beim Tischdecken scheiden sich die Geister, und dieser Vorgang spielt sich nirgends so deutlich ab, wie zwischen Schwiegermutter und -tochter. Aus unerklärlichen Gründen kann es die eine ärgern, daß die andere Messer und Gabel rechts placiert und die Serviette links, während sie selbst doch das Messer rechts, die Gabel links und die Serviette auf den Teller zu legen pflegt. Und manch untergründige Fehden, für die anwesende Männer weder Verständnis noch die Möglichkeit des Erkennens haben, sind schon entbrannt, weil die eine konstant umzudecken pflegte oder die andere auch im fremden Haushalt ihre Methode durchsetzen wollte. Auch die Fragen, ob die Löffel für den Nachtisch gleich mitgedeckt werden, ob für Salat oder Apfelkompott ein besonderer

Teller da sein muß, ob zum Marmeladenfrühstück Gabeln gedeckt werden müssen und ob die Büchsensahne in der Büchse auf den Tisch darf, enthalten Zündstoff, wenn das Verhältnis sowieso gespannt sein sollte. Nichtwohlgesinnte, die sich aufopfernd darangeben, im Haushalt der anderen den Tisch zu decken, können durch gezielte Fragen, die nur die anwesenden Männer für harmlos halten, viel Gift spritzen. „Habt ihr denn kein Messerbänkchen?" – „Glaubst du wirklich, daß diese Serviette noch geht?" – „Womit putzt du eigentlich dein Silber?" – „Welche Blumen soll ich auf den Tisch stellen?" oder „Ach, ißt Sabinchen immer noch nicht mit Messer und Gabel?" – so etwa kann man ganz lieb fragen.

Übrigens ist das Tischdecken in fremden Haushalten, wenn es nicht gerade Bestandteil eines Feldzuges ist, keineswegs beliebt, und im Grunde ist man gar nicht entzückt, wenn man auf das höfliche Angebot zu helfen die Aufforderung bekommt: „Du kannst schon mal den Tisch decken!", denn nichts ist ungemütlicher, als sich in einem anderen Haushalt alles das mühsam zusammenzusuchen, was in der vertrauten Umgebung seinen wohlbekannten Platz hat. Außerdem haben fremde Familien ihre Eigenarten: Der eine trinkt Milch, der andere Bier, der dritte Tee, und jeder hat seinen Serviettenring, wobei nicht auf jedem der Name draufsteht oder unter Umständen ein ganz fremder, weil es sich hier um Großmutters ehrwürdiges Stück handelt. Außerdem gibt es auch zuweilen für jeden ein besonderes Besteck, oder aber der Hausherr besteht darauf, ein ganz bestimmtes Messer zu bekommen, das er für das einzig scharfe des ganzen Hauses hält. Und in die Marmelade gehört aus unerfindlichen Gründen der Löffel mit dem Monogramm, das auf keinen paßt. Außerdem möchte man natürlich einerseits nicht allzu viele Umstände machen, andererseits aber auch nicht zuwenig Lebensart beweisen. Fragt man also nach einem Buttermesser und nach Fischbestecken für den Matjeshering oder nicht? Soll man die angebohrten Wurstenden fein säuberlich abschneiden, die Tomaten vierteln und würzen und das Gelee aus dem Firmenglas umfüllen?

Diese Fragen stellen sich erst gar nicht, wenn man auf eigene Faust in fremder Umgebung die Tischdeckerei organisieren muß – etwa in einem Ferienhaus oder in der überlassenen Wohnung verreister Freunde. Leute, die sowieso am frühen Morgen nicht ihre beste Zeit haben, leiden offensichtlich, wenn sie sich ihren Frühstückstisch mühsam am ersten Tage zusammensuchen müssen. Manchmal sind die Tassen in der Nähe des Eßtisches und die Bestecke in der Küche – manchmal auch umgekehrt. Für das Brotmesser und die Eierbecher gibt es die verschiedenartigsten Lagerungsorte, und wo manche Leute ihre Salzfäßchen aufbewahren, ist wirklich nicht immer vorauszusehen: beim Salz im Vorratsschrank, beim Silber in der Schublade, beim Geschirr, im Gewürzregal, auf der Fensterbank, in der Serviettenschublade – das sind noch die gängigsten Plätze. Übrigens kann es auch durchaus passieren, daß man erst beim großen Abreise-Aufräumen das Teesieb findet.

Und zum Schluß noch ein Wort an kritische Damen der älteren Generation: Da hörte ich doch neulich eine Bekannte in vorwurfsvollem Ton innerhalb eines Berichtes über einen Kaffeebesuch bei einem angehenden weiblichen Familienmitglied jüngeren Alters sagen: „Noch nicht einmal eine Tischdecke hatte sie aufgelegt!" Na, und? Das Decken mit Sets ist modern und kann sehr hübsch sein. Auf keinen Fall aber ist es als Mißachtung der älteren Generation gedacht. Und im übrigen: Sets sind gar nicht billig!

Endlich allein!

Ganz gewiß sind alle die zu beklagen, die unter Einsamkeit leiden und sich dieserhalb hilfesuchend an die Redaktionen von Zeitungen und Zeitschriften wenden. Aber während man, obwohl selber keineswegs einsam, voller Interesse liest, was den Bedauernswerten angeraten wird, muß man dauernd eine kleine dicke Hand abwehren, die unbedingt umblättern will, weil auf der vorhergehenden Seite ein Baby mit seifigem Haar abgebildet war, das höchstinteressant brüllte – muß man die Auskunft geben, daß der grüne Pullover zum karierten Rock paßt und daß „nämlich ohne h geschrieben wird. („Wer nämlich mit h schreibt, ist dämlich.") Außerdem werden einem telefonisch für das Abendessen ein paar reizende Leute angesagt. In solchen Augenblicken überkommt einen vielleicht der ketzerische und sogleich schuldbewußt zur Seite geschobene Gedanke, daß jene Einsamen wenigstens in Ruhe die Ratschläge gegen ihre Einsamkeit lesen können.

Im allgemeinen will der Mensch ja gar nicht allein sein, aber manchmal eben doch. Das erste Mal erlebte ich es auf einer Klassenreise: ich hatte einen Brief in die Jugendherberge bekommen, der mir schier das Herz brach und das starke Bedürfnis schaffte, heiße Tränen zu weinen. Ungestört natürlich. Und so schlich ich mit dem Brief in der Hand und den ungeweinten Tränen durch alle Räume und über alle Treppen. Und als ich schließlich den einzigen, einsamen, abschließbaren Ort aufsuchte, den es überhaupt gab, bumste gleich jemand, der es eilig hatte, an die Tür. Es war schrecklich. In ähnlicher Art beklemmend ist hin und wieder der Gedanke, daß man eigentlich, wenn man endlich die Familie besitzt, die man sich von klein auf gewünscht hat, nie mehr allein ist – auf viele Jahre hinaus. Gewiß, man kann sich unter Umständen mit Machtworten in ein Zimmer zurückziehen, aber man bleibt doch immer zuständig, für jedes Gebrüll, für jedes häusliche Problem und für jedes verdächtige Geräusch – von verdächtiger Stille ganz zu schweigen. Man kann auch in einsame Wälder wandern. Aber das ist ganz gewiß nicht das gleiche, wie ungestört und allein zu Hause zu sein.

Die seltenen Male, wo einem dies dann doch beschieden ist, sind deswegen auch höchst bemerkenswert. So richtig tüchtige Persönlichkeiten benutzen sie, um endlich einmal dies und jenes aufzuarbeiten. Andere hingegen machen so etwas wie Ferien. Ferien davon, ständig die Verantwortung zu tragen und da zu sein, wenn einer etwas von ihnen will. Man lebt völlig ungebunden, wischt nicht Staub, kocht kein Essen, steigt nachmittags um vier in die Badewanne und liest am Küchentisch angesichts des unabgewaschenen Geschirrs die Morgenzeitung. Nicht, als ob man diesen Zustand auf die Dauer anstrebt – aber wenn man jahrelang zivilisiert den Tisch gedeckt und Manieren gepredigt hat, ist es die reinste Erholung, sein Abendessen höchst formlos aus dem Eisschrank zu langen und – Höhepunkt schlechter, oft gerügter Sitten – die Butter aus dem Papier direkt aufs Brot zu streichen. Man kann natürlich auch das Alleinsein mit dem allerbesten Geschirr, einem festlichen, raffinierten Mahl und Blümchen auf dem Tisch feiern. Das ist Geschmackssache. Genauso, wie man sich entweder ganz besonders sorgfältig mit allen Schikanen anziehen oder höchst salopp herumschlampen kann.

Es ist merkwürdig, wie anders eine Wohnung, die von allem, außer einem selbst, verlassen ist, wirkt: unbeschreiblich ordentlich und edel. Kein Ranzen fliegt herum, nirgendwo tritt man auf einen Bauklotz, fast alle Aschenbecher bleiben sauber, und der rote Treppenläufer zeigt überhaupt nicht jene Fußspuren, die gewöhnlich den Anlaß zu allerlei Debatten über das Thema „Aber ich habe mir doch die Füße abgetreten!" geben. Schon ein einziger einsamer Nachmittag verändert das Gesicht der Behausung, sie ist viel größer, und die Schritte scheinen plötzlich zu hallen. Aber man will ja gar nicht soviel schreiten, endlich einmal kann man in ungetrübtem Frieden wahre Leseorgien feiern oder in aller Ruhe herumkramen. Man kann in der Sonne liegen, sich maniküren, Frisuren ausprobieren, Fotos einkleben, Platten hören, Bilder malen, und wenn man das Bedürfnis hat, mit jemandem zu reden, so kann man endlich einmal ganz ungestört mit der besten Freundin telefonieren und genießen, daß sie es ist, die bei den spannendsten Stellen mit erhobener Stimme jemandem, offenbar einem von ihren heranwachsenden Sprößlingen, zuruft: „Seid doch endlich mal ruhig!"

Was übrigens die Ruhe anbetrifft – sie ist es, die einem, obwohl so ersehnt, schließlich und erstaunlicherweise doch zuallererst auf die Nerven geht. Man findet es plötzlich gar nicht mehr angenehm ruhig, sondern eher geradezu totenstill so allein zu Hause, und man gäbe etwas für den sonst so ärgerlichen Aufschrei: „Der Didi hat mich schon wieder getreten" oder: „Mein Diktatheft ist weg!" Und auch die reizenden Leute zum Abendessen – eigentlich ist so etwas doch immer sehr nett.

Mein Mann sagt das auch!

Trotz aller gesetzlichen Bestimmungen hat sich die Gleichberechtigung der Frauen noch lange nicht auf allen Gebieten durchgesetzt: nicht nur, daß achtbare Lokale alleinstehende Damen zuweilen grundsätzlich an ihren schlechtesten Tischen speisen lassen, nicht nur, daß man manchmal sechsmal hintereinander mit dem Manne tanzen muß, den man nicht ausstehen kann, ohne statt dessen den wählen zu können, den man möchte, und daß es nur Herrenwitze gibt und keine Damenwitze – auch das Wort eines Mannes hat anscheinend immer noch mehr Gewicht als das einer Frau. Denn nur so ist zu erklären, daß es immer noch als besonders scharfes und schlagendes Argument gilt, wenn man mit der Behauptung zu Felde rücken kann: Mein Mann sagt das auch!

Drei Stunden lang hat der arme Jürgen über seinen Rechenaufgaben gebrütet, was seine tapfere Mutter dazu bewegt, in der Elternversammlung das Wort zu ergreifen und gegen diese unmenschliche Belastung zu protestieren. So geht es nicht, und was zu viel ist, ist zuviel! Vielleicht wird Jürgens Mutter am Schluß ihren Worten noch besonderen Nachdruck verleihen, indem sie bedeutsam hinzufügt: „Und mein Mann sagt das auch!" Hier handelt es sich also, wie jeder Lehrer und jede Lehrerin einsehen muß, nicht nur um Weibergewäsch, sondern um die wohlfundierte Meinung eines Mannes. Wobei es übrigens der Wirksamkeit keinen Abbruch tut, wenn der Mann in Person neben seiner zungengewandten Gattin sitzt und den

Mund nicht aufmacht. Viele Männer tun ihre klugen Aussprüche in kleinstem Kreise, so daß die Verbreitung ihren Frauen obliegt. Und viele Männer sind es gewöhnt, ständig mitanzuhören, wenn ihre Frauen der Mitwelt erklären, was sie, die Männer, meinen. Ob das eine angenehme Gewohnheit ist, sei dahingestellt. Manchmal kommt es allerdings zu Protesten, wenn nämlich ein Mann seine Meinung mit dem besten Willen im Zitat seiner Frau nicht wiedererkennen kann. Aber nicht selten hat man Gelegenheit, in einem solchen Falle zu erleben, wie er erklärt bekommt, daß er nicht das gemeint habe, was er glaubt gemeint zu haben, sondern etwas ganz anderes, nämlich das, was sie meint.

Auf manchen Gebieten sind noch immer die Männer unumstrittene Autoritäten. Wenn sich Frauen unter sich etwa über die letzte politische Krise unterhalten – und welche Frauen täten das nicht zuweilen? –, so wird die eine oder die andere ganz gewiß immer noch erklären, was denn ihr Mann an Stelle der Regierung getan hätte und daß auch er gemeint habe, so könne man die Sache nun aber wirklich nicht handhaben. Oder aber man spricht über den soeben gekauften Bauplatz von Grünewalds – macht es nicht auf alle einen tiefen Eindruck, wenn man beisteuern kann, Peter habe gemeint, allein schon die Erschließung in dem Gelände und bei der Bodenbeschaffenheit würde Grünewalds an den Bettelstab bringen? Das ist doch ein ganz anderes Argument als die Frage, wo denn um Himmels willen in Zukunft Frau Grünewald Brötchen und Butter kaufen solle. Auch Männerworte über Frauen gelten viel. Natürlich, die Aufmachung, die Figur, das Wesen, die Frisur und das Mundwerk der neuen Sekretärin kann niemand so kundig beurteilen wie andere Frauen. Wenn aber eine von ihnen berichten kann: „Mein Mann sagt, sie hätte nicht die Spur von Sex-Appeal ...", so hat man doch noch einen ganz anderen und sehr handfesten Gesichtspunkt! Übrigens haben nach der allgemeinen Lebenserfahrung sehr viele besonders attraktive Mädchen nicht die Spur von Sex-Appeal – wenn man den Äußerungen glauben darf, die viele Männer ihren Frauen gegenüber tun. „Mein Mann sagt auch, er wüßte gar nicht, was alle an der finden. Mit den Beinen..."

Viele Männer haben übrigens keine Ahnung von dem, was sie gesagt haben. Sie werden zuweilen nur zitiert, um anderen Leuten gegenüber irgendwelchen Beanstandungen oder Forderungen Nachdruck zu verleihen. Wenn zum Beispiel der Putzfrau berichtet wird, daß „mein Mann auch gesagt hat, im Bücherregal müsse aber besser Staub gewischt werden, er mache sich ja jedesmal die Finger schmutzig!", so kann man sich noch nicht einmal fest darauf verlassen, daß er den Staub überhaupt bemerkt hat. Und auch die Behauptung, er habe geäußert, daß früher das Kupfer viel blanker geputzt worden sei, könnte man nicht mit gutem Gewissen beeiden. Aber Eindruck macht beides, genau wie die fürchterlichen Drohungen, die er ausgestoßen haben soll für den Fall, daß der Heizungsmann nicht binnen einer Woche zur Reparatur erscheint oder die Kinder noch mal auf die Garage klettern. Man darf sich bei solchen kühnen Behauptungen natürlich nicht allzuweit von der Wirklichkeit entfernen. Es soll schon vorgekommen sein, daß sich erschreckte Leute bei jenen Männern, die kräftige Aussprüche getan haben sollten, zu deren grenzenloser Verblüffung entschuldigten! Und Bemerkungen wie: „Mein Mann sagt auch, am schönsten ist doch ein natürliches Gesicht, eine einfache Figur und eine mütterliche Figur..." können unter Umständen stille Heiterkeit erregen.

... das verschiebe nicht auf morgen" – schrieben wir schon als Achtjährige in das Schönschreibheft und hörten dabei andächtig der Geschichte von dem Mann zu, dessen Pferd einen Hufnagel verlor. Dieser Mann ging nun nicht etwa zum Gevatter Schmied, um einen neuen Nagel einschlagen zu lassen, nein, er verschlampte es, das Pferd verlor noch weitere Nägel, dann das ganze Hufeisen, und schließlich stürzte das arme Tier, worauf entweder der Mann oder das Pferd ein Bein oder den Hals brachen. Jedenfalls war der Schaden beträchtlich, und man nahm sich damals vor, später immer mit dem Reitpferd zum Gevatter Schmied zu gehen, wenn es einen Nagel verlieren sollte. Diesen guten Vorsatz konnte man jedoch leider nicht in die Tat umsetzen, da es am Pferde mangelte – aber auch im übertragenen Sinne folgte man nicht immer dem schönen Sprichwort. Hätte man sonst nicht das Armbandschloß reparieren lassen, ehe man das Armband verlor? Hätte man nicht das kleine Schwarze rechtzeitig zur längst fälligen Reinigung gebracht, ehe man es überraschend dringend brauchte? Hätte man nicht die Kuppelung nachstellen lassen, ehe das Getriebe einen besonders kostspieligen Schaden nahm? Und den Ärger, den man bekam, weil der grauen Anzugjacke immer noch ein Knopf fehlte, den hätte man leicht vermeiden können.

Immer sind es die Kleinigkeiten, die liegenbleiben – manchmal leider sehr lange. So soll es doch schon vorgekommen sein, daß ein Sommerrock den ganzen Sommer über nicht getragen wurde, weil man, der Mode folgend, den Saum hätte kürzen oder verlängern müssen. Es ist durchaus möglich, daß man in der gleichen Zeit kühn an die Herstellung eines ganzen Kleides ging. Die kleine Stelle am Stuhlbein, die beim Anstreichen vergessen wurde – nie mehr wird man sie später nachstreichen, obwohl man sie tagtäglich sieht und sich tagtäglich über sie ärgert. Und wie lange dauert es, bis man auf einen Stuhl steigt, um das eine Gardinenröllchen, das sich ausgehakt hat, wieder ins Kräuselband einzuhaken!

Manchmal bekommt man Aufträge, „mal eben" etwas zu tun: mal eben die Hosen zu bügeln, den Knopf anzunähen, die Schuhe zum Schuster zu bringen oder ein paar nette Zeilen an Tante Helga zu schreiben. An sich wäre alles so schnell gemacht – aber es fängt damit an, daß man die Hosen, die einem da aufs Bett geworfen wurden, zunächst einmal ordentlich in den Schrank hängt. Und da haben sie die fatale Neigung, in Vergessenheit zu geraten. Die Schuhe wird man nachher mitnehmen, wenn man sowieso einkaufen geht. Die Adresse von Tante Helga will man bei der Cousine erfragen, aber die ist gerade nicht da. Nun könnte man natürlich die netten Zeilen gleich schreiben und später adressieren, aber das scheint nicht sinnvoll zu sein. Nicht, als ob man alles vergäße, im Gegenteil, die Versäumnisse fallen einem dauernd ein – nur immer im falschen Augenblick: die Hosen im Büro, der Brief nachts im Bett, die Schuhe beim Kochen und das Gardinenröllchen in der Mittagssonne im Liegestuhl. Alles bedrückt einen sehr und verleiht einem das Gefühl, ein höchst unzulänglicher Mensch zu sein. Leider ist es nicht immer von Erfolg gekrönt, wenn sich dieser Mensch nun vornimmt, morgen aber ganz bestimmt alles zu besorgen.

Gelegentlich gerät man lästiger Kleinigkeiten wegen auch in äußerst peinliche Situationen. Wie soll man beispielsweise erklären, daß man, trotz mehrfacher Erinnerungen, immer noch nicht einen Knopf an den Schlafanzug des Mannes genäht hat, den man mehr als sein Leben liebt und für den man zu jedem Opfer bereit ist? Es ist einfach nicht zu erklären, denn die Entschuldigung, daß man das frisch gemachte Bett nicht wieder beim Schlafanzugherausnehmen in Unordnung bringen wollte, klingt doch zu fadenscheinig. Mit dem reuigen Angebot: „Komm, zieh sie aus, ich nähe ihn gleich an!" kommt man übrigens auch nicht zum Zuge. Jeder Mann haßt es, etwas zum Zwecke des Reparierens auszuziehen, und noch mehr haßt er es, etwas am Leibe repariert zu bekommen.

Unter diesen Umständen ist es wirklich ein wahrer Segen, daß auch er – von uns seit Wochen gemahnt – es immer wieder vor sich herschiebt, den wackligen Haken der Flurgarderobe neu einzugipsen. Schade nur, daß es nie ein gütiges Geschick so arrangiert, daß die ganze Garderobe in dem Augenblick mit Donnergepolter von der Wand kommt, in dem wir uns gerade wegen der Schuhe mit den unverändert schiefen Absätzen zu schämen haben!

Unter der Trockenhaube

Man hat zwar seit einiger Zeit die Möglichkeit geschaffen, innerhalb von Sekunden ein Steak zu braten und innerhalb von Minuten Kartoffeln gar zu bekommen – aber unter der Trockenhaube hat die vielbeschäftigte Frau immer noch zu warten, zu warten und zu warten, bis das Haar endlich trocken ist. Nun haben alle Friseure offensichtlich den Wunsch, einem die Zeit nicht allzu lang werden zu lassen: Sie stellen irgend etwas an der Trockenhaube ein, aufgrund dessen diese nach einer schon ziemlich lang erscheinenden Zeit einen Wecker ertönen läßt und dann den Betrieb zunächst einmal einstellt. Nach einer angemessenen Frist des Wartens – wegen der sperrigen Lockenwickler kann man nur schwer unter der Haube hervorkommen und sich melden – erscheint zumeist eine andere Arbeitskraft, die anfragt: „Ist bei Ihnen schon nachgestellt worden?" Bei Verneinung dieser Anfrage dreht sie, ohne den Feuchtigkeitsgehalt oder Trockengrad der Haare zu überprüfen, zunächst noch einmal am Haartrockner, woraufhin dieser wieder losbrummt und weiterhin die Ohren wärmt.

Noch nie hat mir jemand erklären können, wieso man eigentlich nicht gleich die offenbar notwendige Zeit einstellen kann. Wahrscheinlich handelt es sich um einen Dienst an der Kundin, mit dem man ihr eine gewisse Abwechslung vermittelt. Übrigens sind nach dem Nachstellen die Haare auch nicht immer trocken: Nachdem alle Lockenwickler und Haarnädelchen herausgenommen worden sind, kommt man wie ein noch nicht ausgebackener Kuchen erneut unter die Haube. Es dauert also seine Zeit, und man kann wirklich froh und dankbar sein, daß es die moderne Technik wenigstens fertiggebracht hat, die Ohren so weit zu schonen, daß man nicht mehr wie früher das schmerzliche Gefühl haben muß, sie würden langsam, aber sicher gebraten.

Die Zeit, die man also mit nassen, aufgedrehten Locken der Schönheit zuliebe absitzt, wird zumeist mit Zeitschriftenlesen oder Gesprächen ausgefüllt. Man könnte ja auch ein gutes Buch lesen, einen Schal stricken, Briefe schreiben oder Vokabeln wiederholen – aber offenbar wirkt Wärme in den oberen Regionen nicht sehr förderlich auf den Geist, denn man greift begierig nach den Enthüllungen eines Kammerdieners, der sich offenbar in Unfrieden von einer bekannten Persönlichkeit, in deren Diensten er stand, getrennt hat. Auch das tragische Schicksal einer anderen Persönlichkeit, die von klein auf unter der furchtbaren Belastung litt, viel Geld zu haben, wird eifrig studiert. Man erfährt auch, daß die entzückende Prinzessin Sowieso (es gibt prinzipiell nur entzückende Prinzessinnen, auch wenn sie auf Fotos eher zickig aussehen) nur um ihrer selbst willen geliebt werden will. Und der Filmstar will mit seiner Freundin ein modernes, vorurteilsfreies Verhältnis haben, wo einer die Eigenart des anderen achtet und die Kinder – mindestens drei – auch freie, vorurteilslose Menschen werden sollen, die andere Menschen achten. Kurzum, man ist nicht sehr wählerisch in seiner Lesekost, sondern verschlingt sogar die guten Ratschläge, die der Seelenarzt einer Dame gibt, die zwar den Vater ihrer Kinder dankbar schätzt und ehrt, aber erst von ihrem siebzehnjährigen Neffen erfahren hat, wie Liebe sein kann. Da man bei vielen Friseuren nicht mehr in abgeschlossenen, einsamen Kabinen sitzt, sondern der Nachbarin auf die allmählich entstehende Frisur und in die Lesemappe sehen kann, hat man oft den Eindruck, daß diese den besseren Lesestoff hat. Da sie aber sehr langsam liest, wird man leider nie erfahren, was es mit der Helga in der Schlagzeile, die höhnisch lachte, als der Mörder kam, auf sich hatte.

Eine Unterhaltung ist natürlich sehr erschwert, wenn man unter der brummenden und rauschenden Trockenhaube sitzt. Unmöglich aber ist sie nicht – man muß nur laut genug schreien, da die Hörfähigkeit stark eingeschränkt ist. So kommt es, daß alle im Friseursalon befindlichen Personen unter Umständen an den erstaunlichsten Unterhaltungen teilhaben können, zumal wenn die Gesprächsteilnehmer auch noch an sichtgeschützter Stelle sitzen und vergessen, daß der Sichtschutz im besten Falle aus Sperrholz, meist aber nur aus Vorhangstoff besteht. Der Charakter des Mannes einer Dame, von der ich nur weiß, daß beim letzten Mal ihre Strähnen viel zu hell geworden waren, wurde mir durch rosa Vorhänge hindurch neulich unüberhörbar bis in die allerletzten Einzelheiten zugerufen.

Manchmal bekommt man, unter der Trockenhaube sitzend, auch Besuch: Freundinnen, die den gleichen Meister aufsuchen, präsentieren sich in frischer Pracht, Kinder kommen etwas angeschmuddelt herein und wollen einsfünfzig für eine neue Ordnungsmappe oder bringen eine Erfrischung in Gestalt eines Gummibären. Manchmal brüllen sie einem auch die Frage unter die Haube, ob man etwa die Frisur der gerade hinausgehenden Dame schön fände. Sehr selten verirrt sich ein Herr in den Salon. Männer scheuen diese Atmosphäre, zumal sie meist schon Schwierigkeiten haben, ihnen nahestehenden Damen mit aufgedrehten Haaren und saloneigenen Frisiermänteln unter der Haube überhaupt auszumachen, und wenn sie sie endlich gefunden haben, dauert es eine Weile, ehe sie begreifen, daß man ihre diskret gemurmelten Worte nicht versteht – mit dem besten Willen nicht.

Übrigens sagen mir dauernd Damen, daß sie meine Artikel immer beim Friseur läsen. Ich weiß nicht, ob das ein Kompliment ist!?

Von Pikus, dem Waldspecht,
und dem kreuzfidelen Küster

Mein Vater – immer aufopferungsbereit um meine möglichst vielseitige Erziehung bemüht – brachte mir dereinst
zwei wichtige Künste bei: das Öffnen von Sektflaschen
und das Skatspielen. „Aufopferungsbereit" in diesem Zusammenhang ist keine leere Phrase: ging doch mancher
Tropfen edlen Nasses verloren, ehe ich es verstand, mit
gekonnter Lässigkeit diesen hochexplosiven Flaschen zu
Leibe zu rücken; und was es einen wirklichen Skatspieler
an edelster Nervensubstanz kostet, einem blutigen Laien
(der, in voller Verkennung der Lage, auf einen Grand ohne
vier mit zwei blanken Zehnen reizt und dadurch den andern ein bildschönes Spiel kaputtmacht) das Skatspielen
beizubringen, kann wohl nur der ermessen, der solches
selbst durchlitten hat. Immerhin hat mich die Einsatzbe-
reitschaft meines Vaters in die Lage versetzt, jederzeit den
dritten Mann abzugeben, und die rituellen Sprüche von
„Pikus, dem Waldspecht", über „herzlich lieb' ich meine
Tante", „kreuzfidel ist unser Küster" bis zu der „Bade-
hose, die herunter muß", sind mir in ihrer Bedeutung klar.

Aber – und das hat nach einer gewissenhaften Umfrage
fast jeder weibliche Mensch, der Skat spielt, mit mir gemeinsam – ein richtiger Skatspieler bin ich darum nie geworden. Es fehlt der nötige, heilige Ernst. Nie und nimmer
würde ein echter Skatspieler einmal ausprobieren, was
passiert, wenn man eine Karo-Sieben gegen einen fünften
Buben aus einam andern Spiel Karten austauscht und beim
„Geben" mitverteilt. Ich kann nur sagen, daß ernste Män-

ner darüber fast wahnsinnig werden, weil plötzlich ihr Skat-Weltbild zu wanken beginnt. Leider aber muß ich auch sagen, daß kein Skatspieler auch nur die geringste Komik in einem solchen Experiment entdecken kann. Auch sonst wirkt der weibliche Unernst verwirrend: Männer, die sonst mit Männern um Zehntelpfennige kämpfen, haben eiserne Regeln. Sie wissen, wenn der jetzt das tut, so bedeutet das a) daß er jenes im Schilde führt und b) daß sein Blatt so und so aussehen muß – etwa nach der bewährten Regel „Lange Hand – kurze Farbe" oder so. Frauen bringen womöglich alles durcheinander, nicht etwa aus Raffinesse, sondern weil sie im Augenblick gerade vergessen hatten, die Trümpfe mitzuzählen, oder das Herz-As einzukalkulieren, das noch irgendwo als scharfe Waffe in der Hand des Gegners sein mußte. Manchmal haben sie sich auch ganz schlicht beim Reizen verrechnet, so daß der erfahrene Gegner ein ganz anderes Spiel aus seinen eigenen Karten und ihrer gereizten Summe errechnet, als sie tatsächlich in Händen haben. Für echte Skatspieler ist eine Frau immer ein Ersatzmann, und sie muß schon sehr viel besser spielen, als man es von einem Manne verlangen würde, um als Skatspieler anerkannt zu werden. Nur wenige Frauen erreichen dies große Ziel; aber wenn sie dann doch einmal ein Spiel vergeigen, so werden jene Sprüche, die ein solches Fiasko zu begleiten pflegen, mit noch viel mehr Überzeugung zitiert als sonst: „Und sie trugen einen Toten hinaus, und der war stumm" oder „der schmeckt kalt gut" – das klingt dann noch viel markiger. Vielleicht liegt es an dieser geschlossenen männlichen Abwehr, daß echte weibliche Skatspieler – nicht zu verwechseln mit jenen harmlosen Frauen, die auch Skat spielen – zuweilen Haare auf den Zähnen haben und daß es besser ist, sich nicht mit ihnen anzulegen. Nicht nur ihre Gegner, vor allem ihre jeweiligen Partner, haben selten etwas zu lachen. Sie werden angeblitzt, wenn sie nicht im rechten Augenblick trumpfen, und wenn sie gar den Moment verpassen, wo es ihre heilige Pflicht wäre, hineinzubuttern, so verzeiht man ihnen nie. Da Frauen ja sowieso nachtragend sind, sind die weiblichen Skatgenies besonders groß im „Nachkarten", und ihre Debatten darüber, was alles anders und besser verlaufen wäre, wenn man schon beim dritten Stich die Trumpfdame abgeworfen hätte, entbehren oft nicht einer gewissen Schärfe. Leider übrigens besonders, wenn es möglicherweise der eigene Mann war, der sich von der Trumpfdame nicht trennen konnte. Vor solchen bedenklichen Manifestierungen eines nachtragenden Charakters verschont übrigens die gewöhnliche skatspielende Frau ihre Mitwelt: sie hat längst vergessen, wer was beim dritten Stich getan hat. Dafür aber zeigt sich bei ihr zuweilen eine ganz andere Spielart anfälliger Charaktere: sie mogelt. Vielleicht nur ein bißchen, indem sie ihren Partner mit fragend hochgezogenen Augenbrauen anblickt, ehe sie sich von ihrem As trennt; oder ein bißchen mehr, wenn sie, als nicht mitspielender Geber und vierter Mann, dem sympathischsten Mitspieler leuchtenden Auges zu verstehen gibt, daß der Skat wohl reizenswert wäre; oder sehr schwerwiegend, wenn sie, um endlich einmal den großen Skatkünstler in der Runde aufs Kreuz zu legen, mit einem anderen anfälligen Charakter unter dem Tisch Karten tauscht.

Aber da sollte man wirklich von Herzen verzeihen, weil es ja schließlich nach alter Skatspielersitte immer noch heißt: „Ein Herz hat ein jeder!"

Offener Brief an die Herren Karikaturisten

Sehr geehrte Herren!

Vor kurzem hatte ich beim Friseur während einer längeren Behandlung wieder einmal Gelegenheit, quer durch den Illustrierten-Garten Ihre dort abgedruckten Werke eingehend zu betrachten. Dies ist manchmal ein wenig mühsam, denn etwa nach der siebten „Humor"-Seite vergeht einem zumeist das Lachen. Aber was soll man tun? Die Haare tönen, waschen, schneiden und legen lassen kostet eben seine Zeit. Dabei fiel mir eines auf: Offenbar kleben Sie unablösbar an zwei weiblichen Gestalten, die zum mindesten von Ihren Großvätern – wenn nicht gar Urgroßvätern – erfunden wurden und längst einen meterlangen Bart hätten, wenn es sich nicht um Frauen handelte. Den Leutnant von der Garde, den kessen Schusterbuben, den törichten Bauern mit Kropf und den begriffsstutzigen Rekruten – alles Erfindungen Ihrer Vorfahren im Berufe – haben Sie mit Recht dahinscheiden lassen. Und bloß der Knabe Fritzchen, der dem „Herrn Lehrer" offenbar als witzig empfundene Antworten gibt, taucht zuweilen noch wie ein Froschkopf aus dem Sumpf auf, obwohl kaum noch ein Knabe Fritzchen heißt und überhaupt kein Knabe mehr seinen Pädagogen mit „Herr Lehrer" anredet.

Ganz und gar unsterblich aber sind offenbar diese beiden Figuren: die Ehefrau, die mit Teppichklopfer oder Nudelrolle nächtens hinter der Tür lauert, und die des Maschineschreibens weitgehend unkundige Sekretärin, die bloßbusig ihre Arbeitsstunden auf dem Schoße ihres Chefs zu verbringen pflegt. Ich weiß nicht, ob es die Dame mit dem Nudelholz früher in großen Mengen gegeben hat – mag sein, daß im Zeitalter prügelnder Ehemänner manch entschlossene Brünhilde ihrerseits eine gewisse nächtliche Kampfunfähigkeit sowie den Überraschungseffekt ausgenutzt hat, aber heutzutage? Ich möchte wetten, Sie persönlich haben in Ihrem weitesten Bekanntenkreis keine einzige Ehefrau, die – natürlich dick und scheußlich anzusehen – nachts in Lockenwicklern hinter der Tür lauert, genausowenig, wie Sie einen Leutnant von der Garde kennen. Ganz sicher aber werden Sie Frauen kennen, die – kein bißchen dick und scheußlich anzusehen und ganz und gar ohne Lockenwickler –, statt nachts daheim auf der Lauer zu liegen, lieber selbst ausgehen, wenn man sie zuviel allein läßt. Und was Nudelholz und Teppichklopfer angeht, ist Ihnen offenbar entgangen, daß Sie in den meisten modernen Haushalten weder das eine noch das andere vorfinden. Ihre streitbare Dame müßte schon mit dem Staubsauger zuschlagen, wenn sie nicht so hoffnungslos von vorgestern wäre.

Die Sekretärin hingegen, die ihren Dienst in einer Art Kleidung versieht, die an sich einem ganz anderen und weit weniger soliden Beruf vorbehalten ist, ist noch nicht einmal von vorgestern, sie ist einfach ein höchst seltenes Kuriosum und kein besonders komisches dazu. Natürlich bin ich nicht so naiv anzunehmen, daß es zwischen Sekretärin und Chef immer nur streng dienstliche Beziehungen gäbe. Aber den Chef möchte ich sehen, der seiner Sekretärin ein hübsches Monatsgehalt lediglich für den Anblick ihres Superbusens auf den Tisch blättert. Da er bei aller Neigung, hübsche Mädchen auf den Knien zu halten, ja auch hin und wieder ein paar Briefe geschrieben und ein paar Akten abgeheftet haben muß, kann er auf gewisse Fähigkeiten nicht verzichten. Jede Frau weiß, wie unduldsam Männer mit weiblicher Dummheit sein können, soweit sie mit ihr dienstlich zu tun haben, und wie wenig

es ihnen liegt, von früh bis spät ausschließlich herumzu-
turteln. Auch haben sie einen ausgeprägten Sinn fürs Se-
riöse – zuweilen wenigstens! Nicht jeder Chef hält es für
geschäftsfördernd, wenn seine Kunden beim Anblick seiner Sekretärin Stielaugen bekommen. Aber Sie, meine
Herren Karikaturisten, kennen nur eine Sorte Sekretärin,
nämlich die, die strohdumm ist, Sex aus allen Poren
schwitzt, ständig mit offener Bluse herumläuft und sehr
erstaunt ist, wenn man von ihr Kenntnisse in Stenografie
und Schreibmaschine verlangt. Daß die Dame obendrein
immer noch Miniröcke trägt und eine Art Schuhe, die seit
mindestens zehn Jahren keine modebewußte junge Dame
mehr anschafft, beweist, daß sie wirklich aus der Motten-
kiste stammen muß. Da der eigentliche Sinn der Karikatur
darin bestehen sollte, mit spitzer Feder ein Stück Wirklichkeit aufzuspießen, sollten Sie sich bei Gelegenheit einmal in der modernen Wirklichkeit der Frau ein bißchen
umsehen. Nicht, daß es da nichts aufzuspießen gäbe. Sie
brauchen ja nun nicht gleich im Jahr der Frau eine mit
wie auch immer gearteten Reizen ausgestattete Chefin zu
kreieren, die am Schreibtisch sitzt und ihren bildschönen
jungen Sekretär halbnackt auf dem Schoß hält. Vielleicht
fällt Ihnen doch noch etwas anderes ein.

P. S. Der Briefträger im Kleiderschrank ist übrigens
auch schon seit etwa einem halben Jahrhundert im Dienst
und deshalb allmählich pensionsberechtigt!

Trotzdem: Frohe Weihnachten!

Ganz sicher ist es ein schöner menschlicher Zug, wenn einem zu Beginn der lieben Weihnachtszeit gesagt wird: „Aber hetz' dich in diesem Jahr nicht so ab. Mach es dir doch bequemer, schließlich sind wir ja ganz unter uns, nur mit deinen und meinen Eltern. Und diese Schenkerei – da wollen wir mal ein bißchen zurückstecken, daß es nicht wieder überhand nimmt und du wochenlang in der Stadt herumrennen mußt ..." Aber obwohl einem angesichts dieser fürsorglichen Worte warm ums Herz wird, kann man doch nicht umhin zu denken: „So ein Unsinn!"

Natürlich möchte man auch lieber besinnlich dasitzen und mit adventlichen Gedanken in die Kerze schauen und weihnachtliche Musik hören, aber dazu gehören nun einmal nach guter alter Tradition Haselnußstangen, Vanillebrezeln, Mandelmakronen und Wespennester – und die wollen gebacken sein! Statt von einem Spielwarengeschäft zum anderen zu hasten, würde man auch lieber über die winterlichen Felder schreiten und schöne Gedanken denken, aber der Patenjunge wünscht sich so sehr einen Anhänger mit Kipplore für seinen Trecker, und die kleine Tochter hat „eine Puppenstuhbe mit Vogelkefich" zuoberst auf den Wunschzettel geschrieben, was beides erst nach langem Suchen gefunden wurde – vor allem der winzigkleine Vogelkäfig. Ich glaube kaum, daß beide Kinder das rechte Verständnis für den Winterspaziergang statt dessen aufgebracht hätten.

Aber auch die Erwachsenen! Sie jammern zwar sehr, daß Weihnachten in eine allseits um sich greifende Schenkerei ausgeartet sei – aber übergangen werden wollen sie bei dieser Entartung auch nicht. Man weiß so ziemlich genau, was man von den Worten der lieben Tante: „Ein freundlicher Gedanke an mich zu Weihnachten genügt mir!" zu halten hat und packt das obligate Päckchen. Man packt auch für alle anderen dies und das in weihnachtliches Papier und kann es nicht verhindern, daß die Gedanken, die man dabei hegt, zuweilen sehr nüchtern sind und gar nicht recht adventlich. Oder denken Sie etwa nie befriedigt an das Geschenk, das viel teurer aussieht, als es war, und unbefriedigt an das, dem man nicht ansieht, daß es so teuer war? Ein bißchen beschämend ist auch der Gedanke: „Was – um Himmels willen – habe ich bloß im vorigen Jahr geschenkt?" Man kann doch nicht zuweilen hintereinander ein Nachthemd schicken, und der Prachtbildband wäre nur dann fabelhaft (man hat ihn nämlich mehrfach), wenn man haargenau wüßte, daß man ihn nicht schon im vorigen Jahr dorthin gesandt hätte. Und dann die Putzfrau! Wenn einem bloß einer sagen könnte, ob sie im vergangenen Jahr fünfzig oder hundert Mark unter die Zellophanhülle der Pralinenschachtel gesteckt gekriegt hat. Fünfzig wäre angesichts der angespannten weihnachtlichen Finanzlage vollauf ausreichend. Aber wenn sie im vorigen Jahr mehr gekriegt hat … Andere Leute haben gut sagen, man solle sich in diesem Jahr vor Weihnachten mehr Entspannung gönnen! Sie müssen nicht die Entscheidung treffen, wieviel lila Frotteetücher man am besten kauft, wenn ein Mensch sich lila Frotteetücher gewünscht hat. Auch der schöne Hinweis, daß nur „meine und deine Eltern" kommen und man infolgedessen keine Umstände machen soll, hilft einem nicht zu beschaulichen Vorweihnachtsstunden: Man weiß ganz genau, daß trotz gegenteiliger Versicherungen die alten Herrschaften eben dies erwarten und sehr enttäuscht wären, verzichtete man auf die weihnachtlichen Zurüstungen, angefangen etwa von der gefüllten Gans bis hin zu dem natürlich schon vor Wochen angefertigten Quittenbrot.

Natürlich ranken sich die Gedanken an die schöne und harmonische Gestaltung des Weihnachtsfestes nicht nur um materielle Probleme. Die Aussicht etwa auf das Aufeinandertreffen von Schwiegereltern und antiautoritär erzogenem Kleinkind beunruhigt manche junge Mutter bei aller pädagogischen Überzeugtheit denn doch. Eine etwas ältere Mutter wird von ihrer Tochter bedrängt, die den Mann ihres Herzens zu Weihnachten mitbringen möchte – und von ihrem Mann, der den Kerl nicht zu Hause haben will. Wieder eine andere hört die mehrfach ausgesprochene Hoffnung ihrer Eltern, daß sich doch der Enkel zur Feier des Christfestes hoffentlich die Haare schneiden lassen werde – und die Angabe ihres Sohnes, er dächte gar nicht daran. Und dann gibt es immer noch all die Fragen, wen man zu Weihnachten zu was einladen will oder muß und wohin man wann gehen wird. Merkwürdig, daß man gerade in den Fragen, die einen an sich herzlich wenig kümmern, am meisten bedrängt wird! Wie schön wäre es beispielsweise, wenn Großeltern und Enkel die Frage des Ganges zum Friseur unter sich debattierten und der Hausherr die Verhandlungen über den Besuch selbst führen würde! Nun ja, man ist es schließlich seit Jahren gewöhnt, daß das schöne Weihnachtsfest unter anderem auch eine Strapaze darstellt. Aber wenn dann alles zu allseitiger Zufriedenheit abläuft, ist man doch stolz auf diese alljährliche Leistung. Nur wenn man – gewissermaßen auf Hochtouren laufend – sich gerade den Weihnachtsvorbereitungen hingibt, dann sollte niemand einem raten, es sich doch in diesem Jahr ein bißchen bequemer zu machen!

Wann räumen wir denn
das Weihnachtszimmer auf?

Im Leben jeder Frau, die sich in irgendeiner Art mit dem Haushalt befassen muß, gibt es Tiefpunkte. Einer dieser Tiefpunkte hängt – das muß leider einmal gesagt werden – mit dem schönsten aller Feste, mit Weihnachten, zusammen. Am Morgen des ersten Weihnachtstages nämlich, wenn also das größte Fest eigentlich vorbei ist, tritt sie ins Weihnachtszimmer, und was da der trübe graue Wintermorgen oder die strahlende Dezembersonne (eins ist so schlimm wie das andere) beleuchtet, läßt sie alle beschaulichen Weihnachtsgedanken vergessen: Was gestern vor der Bescherung so schön und festlich aufgebaut war, ist jetzt hier über alle vorhandenen Quadratmeter verstreut. Dazwischen macht sich das aufgepustete Schlauchboot breit wie ein Meeresungeheuer. Ein neuer Weihnachtsstiefel liegt gemeinsam mit dem Räuber Hotzenplotz und einem Puppentäßchen auf dem Sessel, der andere lagert quer über den Schienen der Modelleisenbahn, die vermittels einer aus Weihnachtsbuchstapeln und Rollschuhen gebauten Brücke mehrere Hindernisse zwischen Eßzimmer und Wohnzimmer überwindet. Aber auch die Erwachsenen haben eine Kometenspur von Büchern, Zigarettenstummeln und Nußschalen hinterlassen. Ein halbleeres Paket Datteln (mit ausgespuckten Kernen) und eine angebissene Feige finden sich auf dem hellen Sessel auf einer von einem offenbar fürsorglichen Menschen aus den neuen Skihandschuhen geschaffenen Unterlage. Bonbonpapiere, Plätzchenkrümel, Mandarinenschalen und Goldband liegen einfach überall. Wie merkwürdig (und die vollkommene Weihnachtsstimmung mal wieder unter Beweis stellend) ist die Tatsache, daß einem dieses Chaos am Abend davor gar nicht so aufgefallen ist.

Weihnachtsfrieden hin und her – in diesem Augenblick beginnt ein wenn auch oft von der Hausfrau sehr diplomatisch geführter Kampf: der Kampf darum, wann das Weihnachtszimmer wieder in ein ganz normales Zimmer umgewandelt werden soll. Die Hausfrau, die unter dem Schock vom ersten Feiertagsmorgen steht, würde am liebsten sagen „Sofort!", was sie aber nie eingestehen wird. Die kleineren Kinder sind für „Niemals!" oder wenigstens erst für etwa in drei Wochen, wenn die Freunde aus den Ferien kommen. Die anderen sind für nach Neujahr, weil der Baum Silvester noch gebraucht wird und weil es natürlich höchst lästig ist, alles wegzuräumen. Man macht also Kompromißvorschläge: Man wird den Gabentisch ganz fabelhaft aufräumen... nun gut, wenn wenigstens das Schlauchboot wieder zusammengefaltet werden könnte... der Schlitten kommt ja sowieso weg, wenn es nur erst schneit... aber die Anziehsachen könnten doch schon einmal in den Schrank..., „die bunten Teller essen wir ganz schnell leer", und die Stereoanlage wird bald richtig eingebaut, der Fachmann hat fest versprochen, gleich nach den Feiertagen... Natürlich läßt die Hausfrau fünf gerade sein und hat in den nächsten Tagen wieder einmal reichlich Gelegenheit zu fragen, wieso eigentlich außer ihr es niemand sieht, daß Nußschalen auf dem Teppich liegen.

Allmählich aber setzt ein natürlicher Schwund ein. Kleidungsstücke werden getragen und in den Schrank gehängt. Die neue Puppe wandert als Schlafgenosse samt Bett und Schrank nach oben, die neuen Platten werden woanders gebraucht, die Stiefel getragen, ein paar Weihnachtsbücher verliehen. An sich gäbe es nun keine Schwierigkeiten mehr, auch noch den Rest wegzuräumen, wenn das nicht so eine unerfreuliche Tätigkeit wäre. Bekanntlich gibt es nie einen Schrank, ein Regal oder eine

Kommode, in denen noch Platz ist. Also gehört es zwischen Weihnachten und Neujahr zu den Freuden der Hausfrau, daß sie schließlich murrende Familienmitglieder abfängt und ihnen kurzerhand die letzten Gaben aufgestapelt in den Arm legt. Wie edel jetzt mit einem Male die Wohnzimmermöbel aussehen, wenn sie ihre Flächen dem Beschauer wieder einigermaßen frei darbieten können! Nur der Weihnachtsbaum ist noch da. Man darf ihn zwar nicht scharf ansehen, weil er sonst nadelt, aber zu Silvester wollen wir noch einmal alle zusammen ... und wenn wir Silvester nicht daheim sind, dann eben Neujahr. Und eigentlich ist er ja auch noch sehr ansehnlich und steht da wunderschön vor der abgeschlossenen Tür. Nur wäre es ganz gut, wenn man wieder mal auf direktem Wege ins Wohnzimmer könnte.

Aber wenn man dann wirklich nach Neujahr alle die alten Kartons aus dem Keller geholt und den Christbaumschmuck sorgfältig verpackt hat, wenn der Baum, einen letzten intensiven Regen von Nadeln hinter sich lassend, erst einmal in den Garten oder in den Keller befördert und die Wohnzimmertür wieder aufgeschlossen worden ist, wenn also die alte Ordnung endlich wieder eingekehrt ist – dann fehlt einem doch etwas. Es sieht so groß und so leer aus. Und die Feiertage sind tatsächlich schon wieder vorbei – dabei hatten wir doch gerade erst den ersten Advent.

Laßt mich doch endlich mal
fünf Minuten in Ruhe!

In manchen Hotels kann man außen an seine Zimmertür ein eindrucksvolles Plakat hängen, auf dem, zumeist sogar in mancherlei Sprachen, zu lesen steht, daß der oder die Bewohner des besagten Raumes nicht gestört zu werden wünschen. Dies funktioniert im allgemeinen wenigstens insofern, als kein dienstbarer Geist mit dem Frühstück erscheint oder in der Absicht, die Betten zu machen. Den obligaten Streit auf dem Flur, das Ablaufen der darüberliegenden Badewanne, das Hupen und Anfahren der Autos draußen und das Klingeln des Telefons im Nebenzimmer kann man natürlich mit dem allerschönsten Schild nicht abstellen. Da aber dies alles einen nichts angeht und auch mit keinerlei eigenen Aktivitäten verbunden sein muß, mag es noch hingehen. Im eigenen Heim dagegen ist das ganz anders, was gewiß nicht nur daran liegt, daß man es immer versäumt hat, ein solches Anhängeschild zum Hausgebrauch von einer Reise mitgebracht zu haben.

Ein Mensch von gutartigem Gemüt reizt offenbar seine Umwelt dazu, sich intensiv mit ihm zu beschäftigen, sobald er darum gebeten hat, in Ruhe gelassen zu werden. Nur Tyrannen erreichen absolutes Ungestörtsein gewissermaßen im ersten Anlauf. Legt dagegen ein freundlicher Mensch sich etwa zum Mittagsschlafe nieder, so widerfährt es ihm garantiert, daß jemand, der ihn nicht weiter stören will, wissen will, wo die Nagelfeile oder die Ersatzverlängerungsschnur ist, ob der Termin beim Zahnarzt heute oder morgen ist, ob man für Frau Grünewald am

Telefon zu sprechen ist und ob man wohl noch englische Vokabeln abhören will, ehe der Anfragesteller zum Schwimmen geht. Manchmal sind die Störer auch besonders lieb: Sie fragen nach, ob man eine Wolldecke braucht oder ob man um vier mit einer Tasse Kaffee geweckt zu werden wünscht, was sie unangreifbar, aber darum doch nicht weniger störend macht.

Natürlich gibt es nicht nur Gelegenheiten der Ruhe, bei denen man nicht gestört sein will. Bei kniffligen Verrichtungen – es kann der Aufbau einer elektrischen Eisenbahn, die Zubereitung einer exquisiten Soße, die Herstellung eines eindrucksvollen Augen-Make-ups oder die Reparatur der streikenden Rasenmähmaschine sein – will man auch möglichst nicht angesprochen werden, nicht einmal teilnahmsvoll. Man will auch ganz gewiß keine Ratschläge haben, und munteres Geplauder über irgendein entfernt liegendes Thema weiß man in diesen Augenblicken äußerster Konzentration auch nicht zu schätzen. Und ganz besonders unangebracht ist die Frage, ob man etwa schlechte Laune habe, wenn man sich gerade bemüht, mit einem schlecht funktionierenden Bügeleisen eine brandeilige Bügelei durchzuführen, oder wenn man einen schwierigen Brief an einen unangenehmen Kunden schreibt.

Auch beim Lesen passiert es einem immer wieder, daß lauter liebe Leute, die einen ganz gewiß nicht stören wollen, es unter Umständen schaffen, daß man die gleiche Stelle zum vierten Male liest und immer noch nicht weiß, was eigentlich in der Mitte des langen Abschnittes steht, während einem der Anfang allmählich schon ganz geläufig ist. Und will man einmal ganz in aller Ruhe Musik hören, so kann man ziemlich gewiß sein, daß die brennendsten Probleme – manchmal allerdings voller Rücksichtnahme im Flüsterton vorgebracht – an einen herangetragen werden. Dies alles ist aber gar nichts gegen das, was einem Menschen widerfährt, der gegen den Wunsch seiner Mitmenschen und auch gegen ihre Geschmacksrichtung darauf besteht, etwas ganz Bestimmtes im Fernsehen zu sehen. Nicht nur, daß in diesem Augenblick offensichtlich alles, was in naher oder ferner Zeit ansteht, geregelt werden muß; nicht nur, daß große und kleine Menschen klagen, man kümmere sich nicht um sie, daß man grundsätzlich und frohlockend ans Telefon geholt wird, daß Saboteure immer schnell einmal auf das andere Programm umschalten – nein, man wird auch empfindlich in seiner Andacht durch spöttische Bemerkungen, höhnisches Gähnen und die wiederholte Frage: „Willst du das wirklich zu Ende sehen?" oder „Hast du nicht gesagt, das solle gut sein?" gestört. Das Wiedersehen etwa mit dem Filmschwarm unserer Jugend wird hoffnungslos durch ein wahres Störfeuer verdorben. Bei solchen Gelegenheiten sollen schon häufig sonst sehr fröhliche Menschen in den Augen ihrer Lieben überhaupt keinen Sinn für Humor gezeigt haben.

Hätte man so ein Hotel-Stör-Schild zur Hand gehabt, wären sie wenigstens gewarnt gewesen.

Der Kümmerer

In einer angeregten Unterhaltung konnten wir neulich feststellen, daß einige Leute nicht wußten, was ein „Kümmerer" ist. Sie hielten ihn für eine Art Kümmerling oder sonst etwas von der Natur Benachteiligtes und bedurften also dringend der Aufklärung. Vielleicht sollte noch am Rande bemerkt werden, daß es sich bei den so bedauerlich Unwissenden nur um Männer handelte – die anwesenden Damen kannten selbstverständlich alle den Kümmerer – und hatten sogar – anders konnte man ihre Beiträge zur Definition kaum deuten – alle schon mit einem zu tun gehabt.

Für den Fall, daß sich auch unter meinen Lesern ein Unwissender befindet: ein Kümmerer ist ein Mann, der sich, wie es schon sein Name sagt, um einen kümmert, ja, man muß es sogar dahin erweitern, der sich rührend um einen kümmert. Er ist eine Seele von Mensch, einfühlsam, hilfreich und zuvorkommend. Mit geliehenem Lastwagen hilft der junge Kümmerer beim Umzug, schleppt Möbel, bringt Lampen an und repariert wacklige Stuhlbeine, und nicht genug – anschließend lädt er sie, da sie ja total erschöpft sein muß, in die nächste Pinte zum Essen ein. Der arriviertere Kümmerer schickt zu irgendwelchen Gedenktagen – die noch nicht einmal ihn betreffen müssen – herrliche Blumenarrangements, versorgt sie mit genau den Büchern, die sie gern liest, ergattert Karten zu dem Gastspiel, für das eigentlich keine Karten zu bekommen sind, schickt ihr eine medizinische Kapazität ins Haus, wenn er sie fiebernd und hustend antrifft, führt sie genau in das Restaurant aus, wohin sie immer schon einmal gern wollte, obwohl er selbst es abscheulich snobistisch findet, und wenn sie Schwierigkeiten mit der Umwelt hat, steht er – obwohl sonst eher von sanfter Gemütsart – mit seinem Anwalt voll hinter ihr.

Und dann noch eine wesentliche Eigenschaft: der Kümmerer hat immer für sie Zeit. Ob sie einen braucht, der in ihrer Wohnung – da sie selbst einfach nicht kann – auf den Heizungsmonteur wartet oder sie auf einen Ball begleitet, zu dem der eigentliche Begleiter in letzter Stunde ausgefallen ist, ob ein Herr für die Tischordnung fehlt oder einer, der beim Anbringen von Bücherregalen hilft – der Kümmerer kommt. Und wenn sie nur irgendeinen Menschen braucht, weil ihr sonst die Decke über dem Kopf zusammenfällt, dann erscheint der Kümmerer, begreift alles, bohrt nicht in den Wunden herum, sondern versucht sie auf andere Gedanken zu bringen. Ein sehr vertrauter Kümmerer kann ihr sogar unter Umständen klarmachen, daß Jürgen oder Peter oder Jochen es nicht so gemeint hat und daß man verstehen muß, daß Männer manchmal so und nicht anders reagieren.

Denn der Kümmerer – und dies ist wohl das Wesentlichste – ist nicht der Mann, der von ihr geliebt wird, obwohl er es zehnmal mehr verdient hätte als Jürgen oder Jochen oder Peter (die übrigens zuweilen ein ganz unangebrachtes Hohnlachen für ihn übrig haben, obwohl er ihnen doch wahrlich nichts nimmt). Aber leider geht es auf der Welt nicht gerecht zu: Viele Frauen neigen dazu, ausgerechnet den zu lieben, der leider beim Umzug zufällig keine Zeit hat, der gar nicht merkt, wenn sie müde oder gar ein bißchen fiebrig ist, den keine zehn Pferde in irgendeine Veranstaltung bringen, die er selbst nicht unbedingt besuchen will, und der zwar guten Willens verspricht, ihr Auto durch den TÜV zu bringen, aber leider, leider dann doch nicht dazu kommt. Und während, wie durch Zauberei, der Kümmerer immer gerade dann neben dem Telefon zu sitzen scheint, wenn man ihn braucht, muß man hinter den anderen Männern oft tage- oder stundenlang hinterhertelefonieren, ehe man sie an den Apparat bekommt. Zuweilen reagieren sie auch nicht unbedingt erfreut darauf, wenn man ihnen mitteilt, daß man in der Klemme sitzt, weil man den Sessel allein nicht um den Treppenabsatz bekommt oder weil man der Freundin versprochen hat, zu ihrer Party noch zwei Herren mitzubringen. Wenn aber Jochen oder Peter wirklich verfügbar sind und zu Hilfe eilen, will es wieder die Ungerechtigkeit der Welt, daß man ihnen um so viel mehr dankbar ist, als sie seltener einspringen als der gute Kümmerer.

Zuweilen – wenn die ganze Welt zerbricht und ihr Herz noch gesondert dazu, weil Peter oder Jürgen unwiderruflich abgeschrieben werden müssen, schlägt die große Stunde des Kümmerers: Manchmal erkennt sie, wenn sie an seinem Halse weint, seine wahren Werte, manchmal aber auch kann sie einfach in diesem Jammertal nicht ohne einen Kümmerer leben, auf jeden Fall aber geht sie eine dauerhafte Bindung mit ihm ein, die seine jahrelangen treuen Dienste belohnt. Dies kann gut gehen, aber wieder will es die Ungerechtigkeit der Welt, daß man bei manchen Paaren erleben kann, daß seine rührende Kümmerei sie auf die Dauer rasend macht.

Ja, ja, wir werden alle älter!

Das erste graue oder genauer gesagt weiße Haar, das man sich irgendwann einmal vor dem Spiegel ausreißt, kommt einem zunächst wie ein Irrtum vor (mangelnde Pigmente oder so), und es dauert meist noch lange, bis man dieser Irrtümer durch Ausreißen nicht mehr Herr werden kann und vor der Frage steht, ob man von nun an tönen oder in Ehren ergrauen will. In einem Moment absoluter Ehrlichkeit gegen sich selbst stellt man auch fest, daß um die Augenwinkel herum Lachfältchen selbst dann vorhanden sind, wenn man kein bißchen lacht, und irgend etwas hat sich ganz unbemerkt während des letzten Winters am Aussehen der Oberarme verändert. Kurzum – es läßt sich gar nicht übersehen, daß nicht nur andere Leute älter werden. In Kosmetikabhandlungen haben wir sogar gelesen, daß andere Leute schon ab Mitte zwanzig abbauen – da haben wir uns ja wirklich ganz gut gehalten. Aber immerhin: Die ewige Jugend haben wir trotz aller törichten Hoffnungen – wer glaubt schon mit achtzehn daran, daß er einmal Ölpackungen um den Hals nötig haben wird? – eben anscheinend doch nicht gepachtet.

Aber die anderen auch nicht! Und das ist das Tröstliche an der Sache, manchmal auch das Vergnügliche. Auf einem Klassentag etwa, einer Versammlung also, wo grundsätzlich niemand dem anderen etwas über sein Alter vorzumachen vermag, kann es zu stürmischer Heiterkeit kommen, wenn einer nach dem andern zum Betrachten der mitgeführten Renommierfotos seine Brille zückt oder die Fotos weit von sich abhält. Und wenn man sich noch etwas von der früheren Vertrautheit bewahrt hat, wird man ganz sicher die Brillen der anderen auf- und ausprobieren. Oder man sitzt mit alten Freunden zusammen, mit denen man früher die Welt aus den Angeln hob, eigene und fremde Liebesgeschichten besprach und moderne Kunst analysierte, und entdeckt plötzlich, daß man seit geraumer Zeit genußvoll damit beschäftigt ist, jeder dem anderen seine ganz spezielle Art von Rheuma und die Behandlungsmethoden dagegen in allen Einzelheiten zu beschreiben. Es verbindet und wärmt geradezu das Herz, wenn man feststellt, daß auch andere Genossen der Jugend nunmehr eine Schulter haben, die auf Zug empfindlich reagiert. Überhaupt Zug: Jahrzehntelang hat man so recht gar nicht gewußt, was das war, und immer vermutet, daß sich die anderen anstellten, wenn sie klagten „Es zieht!" Irgendwie, ohne daß man es gemerkt hat, ist einem selber nun ebenfalls die Fähigkeit zugewachsen, sanfteste Luftströmungen in Räumen zu empfinden – und zwar recht unangenehm. Und das Unbehagen, das Lärm verursachen kann – man lernt es kennen, nachdem man lange Zeit in schöner Unbefangenheit selbst Lärm verursacht hat. Für den Rest seines Lebens hat man nun Gelegenheit, manches davon einzubüßen. Auch in dieser Beziehung ist man nicht allein – früher oder später leiden fast alle darunter.

Aber wir alle wollen nicht alt werden und kämpfen tapfer dagegen an: Haltung, Energie, Gymnastik, Kosmetik, Diät und was weiß ich sonst noch. Und wenn man uns mit früheren Generationen vergleicht, so haben wir doch in unserem Bemühen ganz schöne Erfolge. Trotzdem ist es sehr befreiend, bei anderen festzustellen, daß auch sie sich gegen den Zahn der Zeit tapfer zu wehren haben; daß auch sie etwa gegen eine Rolle kämpfen müssen, die die Neigung hat, sich um des Leibes Mitte zu legen; daß sie an einer Nacht ohne Schlaf zwei Tage zu tragen haben und nicht mehr ungestraft alles durcheinander essen und trinken können. Mit Befriedigung und Rührung stellen wir bei den Männern fest, daß die Haare sorgfältig über etwaige dünne Stellen geordnet sind (oft rutscht der Scheitel bis zum Ohr hinab!), daß eine gewisse Wohlbeleibtheit trotz strammer Haltung nicht mehr zu verleugnen ist und daß zum mindesten zwei der Vorderzähne viel schöner sind, als sie früher je waren. Und vom Sport, den die Herren früher betrieben haben, weil es ihnen Spaß machte, reden sie jetzt wie von einer Pflichtübung, der sie sich aus Gesundheitsgründen und zur Selbstkasteiung tapfer unterziehen. Manche gibt es übrigens, die werden und werden nicht älter, und leider muß man sagen: Je näher sie einem stehen, desto weniger freut es einen. Ich erinnere mich sehr gut an den glücklichen Unterton in der Stimme einer Freundin, als sie klagte, jetzt bekäme ihr Mann leider einen Bauch.

Übrigens – um es klarzustellen –: Ich sprach hier keineswegs von alten Leuten. O nein, alt sind wir noch lange nicht! Und die jungen Leute, die noch kein bißchen ans Altern denken, werden sich wundern, wie früh man eine rheumatische Schulter, hundert weiße Haare und Ansätze zu Matronenspeck bekommen kann. Denn man hält es ja zunächst streng geheim und gibt es erst später nur Leidensgefährten gegenüber in vollem Ausmaße zu. Und schließlich ist alles relativ – auch das Alter. Wie sagte doch meine Tante Lisbeth, als sie zu ihrem fünfundneunzigsten Geburtstag ein schwarzes Seidenkleid bekommen sollte: „Schwarz auf keinen Fall, das kann ich später immer noch tragen!"

Die Geschichten unserer Männer

Gewisse Vorstellungen von der Ehe haben sie wohl, die jungen Leute, die da vor den Standesbeamten treten und sich fürs Leben verbinden wollen, selbst wenn sie erst achtzehn sind und diese Vorstellungen sich auf ein lebenslängliches Glück, immerwährende Liebe, gemeinsames Bestehen aller Feindseligkeiten dieser Welt, viel verständnisvollere Erziehung zukünftiger Kinder, als sie selbst genossen haben, und vor allem absolute Unabhängigkeit vom Elternhaus beschränken. Das oft lästige Alltagsnebenbei haben sie zwar, solange sie denken können, rund um sich herum vor Augen gehabt, beziehen es aber gewöhnlich nicht auf die eigene Zukunft. Zu diesem Einerlei gehören etwa auf der Seite der Frau die ständige Zweckentfremdung aller Maniküregeräte, der Widerstand gegen mühsam zubereitete kulinarische Neuheiten, der Kampf gegen enervierende Unordnung oder Unpünktlichkeit, das Schnarchen, die durch nichts zu beseitigende Vorliebe für die „Sportschau", ein besonders lästiger Jugendfreund, die Angewohnheit, alles im Augenblick nicht mehr Benötigte schlicht auf die Erde fallen zu lassen, und natürlich auch die Geschichten der eigenen Männer – wobei „Geschichten" in diesem Zusammenhang im engeren Sinne gemeint ist, nämlich im Sinne von Erzählungen.

Vor allem amüsante und gesellschaftlich erfolgreiche Männer verstehen es, Geschichten zu erzählen, die ihnen oder in ihrer Umgebung passiert sind, was uns zuerst noch mehr für diese Herren begeistert. Wenn aber die begeisterte junge Dame an seinen Lippen hängt und der urkomischen Geschichte von dem Hotel in Neapel lauscht, das sich schließlich als ganz etwas anderes entpuppte, oder der von der „bildschönen" Schlägerei auf dem Fußballplatz, wo man die Anhänger des Heimvereines wissentlich durch Moserei einer entschlossenen Gruppe von Witzbolden provoziert hatte, so sollte sie realisieren, daß sie von nun an ein Leben lang Gelegenheit haben wird, diese Geschichten immer wieder vor wechselndem Zuhörerkreis zu hören. Die Forderung, die für jede Ehe besonders wichtig ist, sich nicht voreinander zu genieren, wird in diesem Falle von den Männern voll erfüllt, wenn etwa die Erlebnisse von Freund Jochen allmählich zu eigenen umfunktioniert werden oder wenn eine Geschichte, die zehn Jahre lang Mallorca zum Schauplatz hatte, plötzlich nach Mexiko-City überwechselt. Zu den ehelichen Pflichten gehört es ganz gewiß, solche Kleinigkeiten nicht nur nicht zu bemerken (wenigstens nicht öffentlich), sondern den Geschichten immer wieder voller Interesse zu lauschen und bei den passenden Stellen auch herzhaft zu lachen. Bei sehr guten alten Freunden, mit deren Geschichten man von Zeit zu Zeit selbst Gelegenheit hat, Wiederhören zu feiern, kann man zuweilen die Frauen bewundern, die als Publikum immer besser, weil immer sachkundiger werden.

Böse, nicht wohlwollende oder dumme Frauen erkennt man unter anderem daran, daß sie bei den Erzählungen ihrer Männer gelangweilte Blicke gen Himmel werfen, unfreundliche Kommentare einfügen, alles besser wissen (was auch nicht überzeugend wirkt, wenn es stimmt) oder unter Umständen aufs schauerlichste die Pointen verpatzen. So etwa: „Ach ja, da müssen Sie zuhören, das war wirklich urkomisch, wie mein Mann dachte, der Pastor wäre schwerhörig, und der dachte, mein Mann, weil der ihn so anschrie …" Es wirkt aber auch nicht überzeugend, wenn man gewissermaßen als Manager auftritt und seinen Mann geradezu drängt: „Grünewalds würden sicher gern mal hören, was du damals in Jugoslawien mit dem Huhn erlebt hast, nicht wahr?" Was bleibt in diesem Fall Grünewalds anderes übrig, als die Geschichte hören zu wollen?

Die am weitesten zurückliegenden Geschehnisse entstammen zumeist der Schulzeit, wo natürlich alle Männer wahre Ausbünde von Witz und Tollkühnheit und alle Lehrer Originale waren. In den neuesten Begebenheiten spielen auch schon die Frauen mit, was aber keineswegs bedeutet, daß sie nicht zuweilen von dem Gefühl beherrscht werden, daß es offensichtlich doch wohl alles ganz anders gewesen sein muß als in ihrer doch sonst ganz präzise funktionierenden eigenen Erinnerung. Die Militärzeit hingegen, über die sie keine Kontrolle hatten und die auch viel hergibt, verändert sich im Laufe der Jahre immer wieder, und auch der Autounfall wird immer dramatischer. Es gehört schon eine gewisse Souveränität dazu, eine vorbildliche Zuhörerin zu sein.

Neulich erlebte ich einen alten Herrn, der zeit seines Lebens viele Geschichten gemacht und auch erzählt hatte. Eine davon handelte von einer Barmaid Gladys, die in einer „Black Diamond" genannten australischen Hafenkneipe jedesmal beim Einlaufen einer liquiden Besatzung vom Wirt, ihrem Papa, mit einem Matrosen und einer ungeheuren Party verlobt wurde. Der arme alte Herr durfte nicht mehr von Gladys erzählen, weil seine jüngste und letzte Frau viel besser wußte, was sich vor mehr als fünfzig Jahren in Australien abgespielt hatte, und ihm dauernd dazwischenfuhr, bis er mit einem „Erzähl du's doch!" resigniert schwieg.

Überflüssig zu sagen, daß alle Sympathien auf seiten des Erzählers waren, obwohl er sicher mit der Wahrheit in der Geschichte seit Jahrzehnten nicht ganz korrekt umgegangen war.

„Du behandelst mich ja wie ein kleines Kind!"

Es gibt geborene Krankenpflegerinnen und höchst unbegabte – aber leider fragt das Schicksal nicht nach der Eignung, wenn es einem einen Krankheitsfall beschert. Mit der lange Jahre erfolgreich verbreiteten Behauptung: „Ich kann nun mal kein Blut sehen!" ist nicht viel anzufangen, wenn ein laut brüllendes Kind mit einem Loch im Kopf oder Knie ins Haus gestürzt kommt. Auch Umschläge zu machen, Zäpfchen zu verabreichen, Wadenwickel und Nasentropfen zu geben und magenschonende Kost zuzubereiten, lernt man – ob man sich dazu berufen fühlt oder nicht. Den fünften Darmkatarrh behandelt man ebenso wie die vierte Influenza schon mit echter Routine.

Die Schwierigkeiten liegen meist – außer der bedrückenden Möglichkeit, daß man unter Umständen noch einen anderen Beruf hat – mehr auf psychologischem Gebiet. Manchmal trifft es einen besonders hart, wenn beispielsweise ein Logiergast, dessen Abreise man schon herbeigesehnt hatte, plötzlich erkrankt oder wenn die Hilfe, die man ins Sommerhaus zwecks Entlastung mitnahm, sich mit leichtfertig geholtem Sonnenbrand fiebernd und stöhnend niederlegt. Aber zumeist kann man doch davon ausgehen, daß man die Kranken, die man als Amateur zu pflegen hat, aufrichtig liebt. Trotzdem gibt es zuweilen Augenblicke, wo man die milde und freundliche Krankenpflegerinnenmiene nicht mehr so recht zustande bringt. Das fängt bei dem Kind an, das schon vor der verordneten Schwitzkur schreit, als solle es gekocht werden, und geht weiter zu dem kranken Teenager, der frierend im Babydoll mit bloßen Füßen vor dem Fernsehapparat hockt, bis zu dem erwachsenen Mann, der sich zwischen zwei bösen Hustenanfällen heimlich eine Zigarette ansteckt.

Ob groß oder klein – die ungelernte Krankenpflegerin kann beobachten, daß es eigentlich nur Kranke gibt, die sich viel weniger krank fühlen, als sie sind, oder solche, die die Sache dann doch ein bißchen übertreiben. Bei der ersten Sorte kämpft man einen tagelangen heißen Kampf, um sie nach ärztlicher Vorschrift (und dem gesunden Menschenverstand folgend) im Bette zu halten, wobei dies besonders schwierig ist, wenn man selbst ins Berufsleben gehen muß. Gerade am gesunden Menschenverstand mangelt es häufig, und leider nicht nur bei Kindern, sondern auch bei denen, bei denen es einem nicht mehr möglich ist, ein Machtwort zu sprechen. Man muß sich mit Argumenten wie: „Ich weiß selbst am besten, was für mich gut ist!" oder: „Glaubst du etwa, meine Arbeit tut sich von selbst!" auseinandersetzen. Leider ist der Mensch, der mit Fieber in der Gegend herumrennt, zumeist kein angenehmer Diskussionspartner, und der Vorwurf: „Du willst mich behandeln wie ein kleines Kind" provoziert geradezu die Antwort: „Das wäre auch das einzig Passende!" Statt dessen aber setzt man lediglich die mildeste Krankenpflegerinnenmiene auf, die einem noch zur Verfügung steht, und versucht es mit liebevoller Überredung. Diesen Typ von Kranken kann man auch – just nachdem sie die mühsam zubereitete Diätspeise aus geriebenem Apfel und Reisschleim verzehrt haben – am Kühlschrank bei der Herstellung eines Schinkenbrots überraschen. Sie halten Bonbons und Zigaretten unter dem Kopfkissen und sind finster entschlossen, übelschmeckende Medizin zu boykottieren und alle lästigen Prozeduren wie Gurgeln und Nasentropfen einträufeln erst einmal abzulehnen.

Die ganz besonders intensiv Leidenden verhalten sich manchmal sehr ähnlich, allerdings nach dem Grundsatz:

„Mir kann doch keiner helfen." Oft aber bestehen sie auch auf Intensivpflege. Nicht nur, daß sie ihre eigenen Medizinen auf die Minute pünktlich nehmen, sie sind auch bereit, alle Arzneimittel, die je ein Mensch mit gleichen oder ähnlichen Leiden genommen hat, zusätzlich anzuwenden. Dazu kommen noch alle die Hausmittel, die ihnen in langen Liegestunden einfallen: „Glaubst du nicht, daß mir Kamillentee gut täte?" „Vielleicht ein bißchen Tee mit Rum?" „Meine Mutter machte immer irgendeinen Umschlag um die Brust!" „Zitronensaft mit gehackter Petersilie soll stark von innen reinigen!" Mit diesen Extrawünschen können sie einen ganz schön herumscheuchen. Nicht, daß man es nicht gern täte – aber manchmal zeigt man doch nach ein paar Tagen gewisse Abnutzungserscheinungen, wenn das liebe kranke Wesen einen aus der Küche, wo man gerade heißen Zitronensaft herstellte, nach oben ins Schlafzimmer ruft, um die Medizin verabreicht zu bekommen, die neben ihm auf dem Nachttisch steht. Ältere liebe Wesen können einen manchmal noch zusätzlich enervieren, indem sie plötzlich mit ersterbender Stimme ihr Begräbnis planen, obwohl sie noch kurz vorher mit natürlichem Organ von der Garderobe für den Kuraufenthalt geredet haben.

Zum Schluß aber sei dann doch noch aller jener ruhigen, friedlich-anregenden und vertrauten Stunden gedacht, die man auch zuweilen an den Betten kranker Hausgenossen verbracht hat.

Ganz wie du willst, Liebling!

Leider ist das Leben nicht so eingerichtet, daß zwei Menschen, die das Schicksal für immer oder auch nur zeitweilig zusammengeführt hat, immer das gleiche unternehmen wollen. Die Zeiten, wo der Mann die daraus entstehenden Konflikte durch ein schlichtes Kommando zu lösen pflegte, sind vorbei – wenn es sie überhaupt je gegeben hat, was ich zuweilen sehr bezweifle. Also muß man sich auf andere Art einig werden. Das kann durch klärende Aussprachen geschehen, durch handfeste Kräche, durch Überredungskünste, Versprechungen für die nähere oder weitere Zukunft, durch konzentrierte Entwicklung von Charme, durch souveränes Nachgeben und was der mannigfaltigen Möglichkeiten mehr sind.

Alle diese Verhandlungen werden sehr dadurch erleichtert, wenn jeder sagt, was er wirklich möchte. Zuweilen kann es nämlich geschehen, daß etwa alle beide gemeinsam in einer Kinovorstellung landen, weil jeder annahm, der andere habe durchblicken lassen, daß ihm gerade an diesem Film eine Menge läge, während doch jeder nur vor lauter Rücksicht auf den anderen nicht verlauten ließ, daß er gerade in diesem Werk der Filmkunst einen unverständlichen Langweiler vermute. Oder aber man besucht den lieben Onkel nebst Tante am Sonntagnachmittag nicht, weil jeder annimmt, der andere fände es spießig, am Sonntagnachmittag Verwandte zu besuchen. Alle diese rücksichtsvollen Verhandlungen werden unter dem Motto: „Ganz wie du willst!" (mit der Betonung auf dem du) geführt, was gewiß ein wunderschönes Motto ist, aber erstens nicht immer zur Klärung der Lage beiträgt und zweitens auch hinterher manche Pferdefüße zutage treten lassen kann. Da heißt es etwa: „Natürlich habe ich gesagt ‚Ganz wie du willst‘, aber wie konnte ich auch ahnen, daß du bei dem Wetter an die See fahren willst?…", „… daß du ausgerechnet auf die Idee kommst, Paul zum Abendessen einzuladen?…", „…daß du den Flur giftgrün streichst?…" Das sind so die Fälle, an denen man immer wieder feststellen kann, wie wenig der andere (oder die andere) wirklich damit rechnet, daß man genau das tut, was man will. Leider muß man sagen, daß vor allem Frauen dazu neigen, ganz enttäuscht zu sein, wenn sich herausstellt, daß der Mann etwas ganz anderes gewollt hat, als sie gehofft haben, und z. B. nicht im Traum auf die Idee gekommen ist, den Abend eines „historischen" Tages in jenem kleinen bedeutungsvollen Restaurant zu verbringen, sondern eher auf den Krimi im Fernsehen scharf war. Ja, man muß sogar zugeben, daß manche Frauen dies „Ganz wie du willst" als eine Art Test benutzen und geradezu darauf warten, enttäuscht zu werden.

Es gibt aber noch eine andere Art des „Ganz wie du willst". Die nämlich mit dem großen „Anhang", die eigentlich eine schlichte Art der Erpressung darstellt. Das hört sich etwa so an: Auf einer Party, wo sie sich blendend amüsiert, steht er plötzlich vor ihr mit den Worten: „Willst du noch bleiben? Ich würde jetzt gern nach Hause gehen. Ich hatte so einen anstrengenden Tag und kann die Augen kaum noch offenhalten. Aber wenn du unbedingt noch bleiben willst, selbstverständlich…" Es soll Männer gegeben haben, die später im Auto ihren ob des frühen Aufbruchs etwas verstimmten Damen entgegenhalten: „Du hättest doch nur einen Ton zu sagen brauchen, dann wäre ich doch gern geblieben!" Oder, wenn der eine liebend gern in ein Konzert möchte, beteuert der andere, daß er ihm schrecklich gern diesen Wunsch erfüllt und ihn mit Vergnügen begleitet, obwohl er jetzt schon weiß, daß dieser Bruckner seine Längen hat und Konzerte überhaupt bei ihm immer rasende Kopfschmerzen auslösen. Aber das macht ihm gar nichts aus, wenn diese Migräne ihn auch noch den ganzen Tag hinterher erfahrungsgemäß quält – ganz wie du willst, Liebling! Es ist überhaupt sehr beliebt, eine Unternehmung vorher mit allen nur möglichen Schrecken und Unannehmlichkeiten auszumalen, so daß nur ein wahrer Menschenschinder von einem Mitmenschen verlangen kann, dies alles auf sich zu nehmen, jedoch dann die Schilderung in den Worten gipfeln zu lassen: „Aber wenn du unbedingt willst, können wir ja hingehen!" Es ist nicht sehr wahrscheinlich, daß danach noch viele die Seelenstärke besitzen, unbedingt zu wollen. Diese wenigen aber müssen sich darauf gefaßt machen, daß ihnen jeder überfüllte Saal und langweilige Film, jede lahme Tanzmusik und jedes lauwarme Glas Sekt, jeder Landregen oder Schneemangel, das Auftauchen schrecklicher Bekannter oder Unbekannter rechtzeitig vorhergesagt worden ist und ihnen deshalb auch zur Last gelegt werden kann. Ja, selbst Vorwürfe wegen ungeheuerlichen Flirtens mit einem fremden Skihasen wurden schon zurückgewiesen mit den Worten: „Wer wollte denn unbedingt zum Wintersport? Ich oder du?"

Aus allem diesem sollte man die Lehre ziehen, daß die schönen Worte: „Ganz wie du willst, Liebling!" sehr mit Vorbehalt zu genießen sind und daß man sich eigentlich nur darauf einlassen sollte, wenn man etwas ganz besonders gern will. Dann aber sollte man sich mit einem dicken Fell wappnen, wenn etwas schiefläuft. Geht übrigens alles nach Wunsch und gelingt das Unternehmen, kann man zu seiner Überraschung feststellen, daß jetzt urplötzlich der andere für diese ausgezeichnete Idee gelobt werden will.

„Nun erzähl doch mal ganz genau ..."

Natürlich stimmt das dumme Gerede von der weiblichen Neugierde überhaupt nicht, aber manchesmal möchte man's wirklich genau wissen, wenn man nicht dabeisein konnte. Über Geschehnisse von öffentlichem Interesse wird man ja durch Presse und Fernsehen im allgemeinen vorzüglich unterrichtet, im mehr privaten Bereich ist man jedoch auf persönliche Berichterstattung angewiesen. Und die ist leider nicht immer von gleicher Qualität. Stellt man also die gespannte Frage: „Wie war's denn nun – erzähl doch mal!?", so kann man die unterschiedlichsten Antworten bekommen. Angefangen bei einem ausführlichen und farbigen Bericht, endend bei der auch den geduldigsten Menschen ärgernden Gegenfrage: „Wie soll's schon gewesen sein?" Im letzteren Falle hilft es auch kaum nachzubohren. Mit Mühe wird man vielleicht noch zu Tage holen, daß es „sehr nett" oder „so wie immer" war, und eine unvollkommene Anwesenheitsliste nach dem Motto „Die kennst du doch nicht" herausbekommen. Vielleicht kriegt man auch noch die allgemeine Bemerkung serviert, daß sich im Grunde das Ganze nicht gelohnt hat. Dabei gäbe es sicher eine Menge zu erzählen – zwar keine welterschütternden Begebenheiten, aber man hätte doch so gern gewußt, wie es nun eigentlich war.

Dies erfährt man ganz genau, wenn man es mit Menschen zu tun hat, die zu erzählen wissen und es auch mögen. Sie können beispielsweise eine entfernt stattgefundene große Hochzeit mit allen Einzelheiten so schildern, daß man alles vor sich sieht: die Braut (dreimal so hübsch, wie sie sonst aussieht), den Bräutigam (ganz nett, aber die Hosen waren zu kurz), die neuen Verwandten (so zwei Tanten mit strammem Korsett), das Menü, die Tischreden (der Schwiegervater trat ahnungslos in mehrere große Fettnäpfe), die Kleider, die nervöse Brautmutter und die antiautoritär erzogenen kleinen Schwäger. Es gibt natürlich Leute, die darüber erhaben sind, so etwas genau hören zu wollen, aber sie sind in der Minderheit. So etwa empfinden es fast alle Mütter sehr dankbar, wenn sie nach einer Party, zu der sie Schmuck und Nagellack hergeliehen oder Salat und Wein zur Verfügung gestellt haben, nicht nur hören, daß es „richtig gut" war, sondern eine farbenprächtige Schilderung auch der menschlichen Seite der Sache erhalten, womit keineswegs tiefschürfende Erkenntnisse persönlicher Art verbunden sein müssen. Mütter mit großen Kindern, die gern erzählen, sind anderen Müttern immer im Informationsstand haushoch überlegen, was die anderen zuweilen etwas beschämt.

Eine gute Berichterstattung muß schon ein wenig ausführlich sein und von vorn anfangen. In unserer Familie hieß der traditionelle Anfang: „Und als ich hinkam, waren schon alle da" (oder: „... waren noch nicht alle da"), woraus man ersieht, daß es auch dazu gehört, ohne Umschweife zu beginnen und nicht erst von einer Grippe zu berichten, die beinahe dazwischengekommen wäre, von der Reise mit allen verpaßten Zügen und verspäteten Bussen und ähnlichen Begebenheiten in der Vergangenheit. Im Gegensatz zu jenen Leuten, die nur kurze und nichtssagende Auskünfte geben, gibt es nämlich auch die, die so weitschweifig berichten, daß sie erst nach langer, ermüdender Durststrecke zum Eigentlichen kommen und, dort angelangt, sich wieder in Erklärungen von Verwandtschaftsgraden, Exkursionen über Wetterverhältnisse und in allgemein-menschliche Betrachtungen ergehen, so daß man so recht kein klares Bild bekommt. Andere Leute bestehen übrigens häufig darauf, einem ein klares Bild über etwas zu vermitteln, was einen nicht im geringsten interessiert. Da werden einem belanglose Einzelheiten aufs allerausführlichste über Menschen berichtet, die man nie gesehen hat und auch nie sehen wird, weswegen einem auch die Anschaffung und Nutzung ihrer neuen Kühltruhe oder des neuen Autos von Herzen gleichgültig ist.

Manchmal gibt es entscheidende Unterredungen – mit Lehrern, Vorgesetzten, Leuten, mit denen man Streit hat, mit Amtspersonen, Ärzten oder Rechtsanwälten, an denen teilzunehmen man leider verhindert war. So ist man auf eine genaue Berichterstattung angewiesen, und es ist einem nicht damit gedient, wenn man nur hört: „Er war dagegen" oder „Er war gar nicht so schlimm" oder gar „Was soll er schon gesagt haben?" Der gute Berichterstatter sollte in solchen Fällen gewissermaßen nur in Gänsefüßchen nach dem bewährten Muster „... und dann sagte er ... und dann sagte ich!" verfahren, wobei man allerdings bei vielen besonders erzählfreudigen Berichtern einkalkulieren muß, daß das, was „ich" sagte, im Laufe der Zeit immer treffender, pointierter und mutiger werden kann. Es gibt wenige Leute, deren Gänsefüßchengeschichten immer gleichbleiben, aber schließlich ist eine ein wenig aufgeputzte Geschichte immer noch besser als gar keine.

Übrigens ist die Fähigkeit und Bereitschaft zu angemessener Berichterstattung angeboren oder in frühester Jugend durch das Familienbeispiel anerzogen. Keine Frau soll sich also ja einbilden, einen Menschen von der „Na, wie soll's schon gewesen sein?"-Sorte in einen ergiebigen Berichterstatter umzuwandeln. Das gibt nur Ärger!

Wer will schon Pferde stehlen?

Wir alle kennen sie, jene fabelhaften Frauen, die mit beiden Beinen auf der Erde stehen, ständig bereit sind, helfend einzugreifen, die selbständig, tüchtig und mit grundanständigem Charakter durchs Leben schreiten, die mit Erfolg unter ein streikendes Auto kriechen und resolut allen Kranken – seien es Kinder, Greise und gestandene Männer – lindernde Brustwickel verpassen und Tee kochen. Sie verstehen es, betrunkene Männer unbeschädigt heimzubesorgen, verzweifelte Jünglinge zu trösten und in die Wolken entschwebende Spinner auf den Teppich zurückzuholen. In jeder Art von Katastrophen laufen sie erst zu richtiger Hochform auf, und, egal ob es gilt brennende Häuser zu löschen, einen nahezu nicht zu verantwortenden Kredit zu besorgen, mit wutschnaubenden Eltern zu verhandeln, in froststarrenden Skihütten ein Herdfeuer zu entfachen oder in die Bresche zu springen, wenn jemand in hochnotpeinlichen Lebenslagen um irgendein Alibi verlegen ist – so sind diese Art von Mädchen und Frauen ständig in bewundernswürdigem Einsatz. Unnötig zu sagen, daß sie sich aller dieser respektabeln Leistungen nicht rühmen, sondern auch noch verschwiegen wie das Grab sind, wenn es darauf ankommt. Ich kenne da beispielsweise einen Fall, wo eine ziemlich dumme Gans seit Jahren eine andere Frau mit freundlicher Herablassung behandelt, ohne auch nur zu ahnen, daß sie eben dieser verdankt, daß ihr Mann – auf dem einzig und allein ihre Vorzugsstellung in dieser Welt beruht – nicht seit geraumer Zeit unter Hinterlassung eines finanziellen Trümmerhaufens auf und davon ist. Denn – wie ich schon sagte – auf jene Frauen ist in jeder Beziehung Verlaß. Man kann mit ihnen Pferde stehlen!

Aber – und hier kommt der große Einwand – wer will schon Pferde stehlen? Und so kann man wohl sagen, daß das uneingeschränkt gemeinte Lob: „Mit der kann man Pferde stehlen!" einen echten Pferdefuß enthält. Und wenn es dann noch etwa heißt: „Die ist so ein richtiger Kumpel!" oder: „... ein prima Kerl!", dann kann man sie nur noch bedauern in einer Welt, in der zwar viel von Emanzipation die Rede ist, in der aber immer noch die Zarten und Hilflosen, die Dummchen, die verwöhnten Schönen und die angstvoll an den Beschützerinstinkt Appellierenden zumeist bevorzugt werden. Da viele Männer hoffnungslos von gestern sind, bewundern sie beispielsweise eine Dame mehr, die sich auf ansprechende Art vor dem Knall einer Sektflasche fürchtet, als eine, die es versteht, eine solche Flasche zu öffnen, ohne daß es knallt und ohne einen Tropfen zu verschütten. Unnötig zu bemerken, daß sich natürlich im Ernst kein erwachsener Mensch vor diesem Knall fürchten kann und daß dies zumeist eine Konzession an den männlichen Geschmack darstellt.

Der richtige Kumpel und prima Kerl weiblichen Geschlechts will selbstverständlich nicht sein ganzes Leben mit pferdediebstahlähnlichen Aktionen zubringen. Er möchte so gern auch einmal angehimmelt werden. Er möchte auch ausgeführt und verwöhnt werden, und wenn einmal sein Kopf wehtut, so möchte er, daß man auch um ihn besorgt ist und eine Apotheke mit Nachtdienst sucht. Aber sehr häufig passiert es ihm, daß er wie ein Regenschirm nur bei schlechtem Wetter hervorgeholt wird, und wenn es ihm einmal selbst schlecht geht, so findet sich durch merkwürdige Fügungen immer einer, dem es noch schlechter geht. Schließlich ist es der gute Kumpel, der trotz scheußlicher Kopfschmerzen herumfährt, um die

Apotheke mit dem Nachtdienst aufzustöbern. Übrigens sieht man es diesen tüchtigen Damen dummerweise auch nie an, wenn sie sich elend fühlen, was neulich eine von ihnen zu der bitteren Bemerkung veranlaßte, daß noch die Leidtragenden, wenn sie bereits im Sarge läge, ihre frischen Farben und ihr prächtiges Aussehen rühmen würden.

„Prächtiges Aussehen" ist leider nicht gleichbedeutend mit „blendendem Aussehen", und so muß gesagt werden, daß man die Frauen, mit denen man Pferde stehlen kann, äußerst selten unter den Schönen oder auch nur sehr gut Aussehenden antrifft. Zumeist gehören sie zu denen, hinter denen ein Leben lang kein Mann beeindruckt herblickt. Vielleicht ist dies auch ein Grund für ihre Einsatzfreudigkeit: weder von der Natur noch von der Umwelt verwöhnt, und doch von menschenfreundlicher und tatkräftiger Gemütsart, machen sie sich eben nach allerbesten Kräften nützlich und angenehm.

Aber vielleicht wäre es manchmal klüger in einer Welt, die nun einmal so beschaffen ist, wie sie ist, wenn sie manchmal ein bisschen weniger aufopfernd, tüchtig, geschickt, selbstlos und tapfer wären. Denn es gibt viele Tage und Wochen, wo kein einziges Pferd gestohlen werden muß.

Heilwig von der Mehden

Nehmt die Männer, wie sie sind
Es gibt keine anderen
Band 427, 128 Seiten, 23. Aufl.

Keiner lebt wie Robinson
Von Verwandten, Bekannten und anderen Leuten
Band 474, 144 Seiten, 11. Aufl.

Vielgeliebte Nervensägen
Von großen und kleinen Kindern
Band 516, 144 Seiten, 14. Aufl.

Mir ist doch so, als wär' mir was …
Vom angenehmen Umgang mit sich selbst
Band 587, 144 Seiten, 12. Aufl.

Vier Wände und ein Gartenzaun
Doch wie's da drin aussieht …
Band 613, 128 Seiten, 7. Aufl.

Und was tun, wenn nichts zu tun ist?
Von den Freuden und Leiden der Freizeit
Band 658, 128 Seiten, 6. Aufl.

Schön ist es auch anderswo …
Wir gehen auf die Reise
Band 714, 128 Seiten, 5. Aufl.

in der Herderbücherei